平野貞夫

平成政治20年史

GS
幻冬舎新書
105

まえがき

平成時代の二〇年間は、米ソ冷戦の終結——ソ連社会主義の崩壊に始まり、米国投機資本主義の破綻で過ぎようとしている。歴史が変わる激動である。資本主義の在り方が根本的に問われる重大な時期に、日本では一年間に安倍晋三首相（当時、以下同じ）に続き福田康夫首相の二人が、政治運営に行き詰まり、政権を投げ出した。きわめて異常なことである。

直接の原因は平成一九年の参議院選挙で、民主党中心の野党が圧勝し、国会が衆参でねじれたことにある。直近の国民の意思が、自公連立政権の政策と政治運営を否定したことによる。政権与党が真っ先に断行すべきは、平成一七年に小泉純一郎首相が国民を騙して行った「郵政解散総選挙」による衆院への民意を、国民に大政奉還するための衆議院解散総選挙である。

麻生太郎首相の就任は、平成二〇年九月一日に福田首相が麻生幹事長に示した自民党総裁選挙の日程によって決まったのだ。麻生首相自身、「自分を犠牲にして自民党が総選挙に勝利する千載一遇の道を用意されたのだと理解した」と述べ、首相になれば「国会の冒頭、堂々と私とわが自民党の政策を小沢代表にぶつけ、その賛否を質《ただ》したうえで国民に信を問おうと思う」と、「文藝春秋」一一月号に論文を発表した。

誰もが第一七〇回臨時国会で衆院解散があると確信していた。麻生内閣は名実ともに選挙管理内閣であり、二人の首相が投げ出した政権の最大の後始末は、衆院の解散であった。しかし麻生首相は、世界金融危機や経済不況を理由に、解散を行わなかった。各種の世論調査の結果、自公連立政党の敗北が明らかになったため戦《おのの》き、解散総選挙から逃げたのである。

経済金融危機への対応も、確かに大事である。しかし最大の課題は、歴史的世界的な経済変動に対して、一日も早く民意に基づく正当性のある政権を樹立するための衆院解散総選挙である。麻生首相は政治空白を理由に拒否している。それは間違いで、福田首相がつくった政治空白は続いており、麻生内閣が続くことは政治空白が続くことである。もし総選挙中に緊急事態が発生すれば、参院の緊急集会という憲法上の制度で対応すればよい。

私は総選挙が年内に行われると期待していた。本書で総選挙の結果に基づく新しい政権、場合によって政権交代となったかもしれない政治状況についても論じたかった。それは不可能になったが、いずれ来年、平成二一年中には行われる総選挙の際、有権者が候補者や政権を選択する判断材料として、この平成二〇年間の政治史が役立てば幸いである。

昭和天皇の崩御で激動の昭和が終わり、平成が始まる。本書は、平成元年（一九八九）から平成二〇年（二〇〇八）の二〇年間の国内政治の実態を、私個人の立場で整理したものである。

平成元年六月に竹下登内閣がリクルート事件で倒れ、後継の宇野宗佑首相は女性スキャンダルや七月の参院通常選挙の自民党敗北の責任をとって辞任した。衆参「ねじれ国会」という難問に対処するため、自民党は海部俊樹首相と小沢一郎幹事長に政権を託した。この年、一二月には米ソ冷戦が終結した。ソ連社会主義国家群が崩壊し、米国資本主義による世界支配が本格化する。

そして二〇年という歳月が過ぎた。いま世界で何が起こっているのか。米国投機資本主義の崩壊である。平成二〇年九月一五日、証券大手のリーマン・ブラザーズは経営破綻した。翌一六日、保険最大手のＡＩＧは約九兆円の公的資金導入で、連邦政府の管理下に置かれた。世界恐慌の前夜ともいえる。この事態は誰が見ても、自由で公正な資本主義とはいえない。

本書で私は、かつて与野党の国会議員や政府首脳らの要請により、メモを作成したり政策や政局についての提言や分析を行ったことを、各所で述べた。衆院事務局の職員が、なぜこのようなことに関わるのか、疑問を持つ方がいると思う。誤解を解くため国会職員の職務と、私の個人的特殊な立場を説明しておきたい。

国会職員には、衆参両議院事務局・調査室・法制局と国会図書館で一般事務や管理事務、調査や法令立案の仕事をする人、さらに院内警察の衛視や速記士がいるが、これらについては、特別な説明は要しないと思う。わかりにくいのは、本会議や委員会における国会運営の事務の仕事である。政治に直接関係するからだ。

私は昭和三四年（一九五九）に、衆議院事務局に勤務してから三三年間、国会運営の仕事をやってきた。なかでも、昭和四〇年（一九六五）から二年間、園田直衆院副議長秘書を、昭和四八年（一九七三）から三年八カ月、前尾繁三郎衆院議長秘書を務め、政治の激務の中で生きてきた。昭和四〇年代以降の重要法案や予算等の審議、疑獄事件の紛糾処理のほとんどに関わってきた。

国会職員は法律で「政治的中立」を義務づけられているが、同時に各党派や国会議員からのさまざまな依頼について、誠実に対応しなければならないことになっている。私の特殊な職務体験のせいか、与野党の多くの政治家から、さまざまな相談事が持ちこまれた。これらのことを可能な限り私は記録しておいた。未熟なわが国の議会政治の実態を、いつの日か国民に知ってもらうことが、政治の中で苦労を重ねた私の生き甲斐であった。

本書で、その一部を公開することで、不快な思いをする方々もおられると思うが、わが国の議会民主政治の発展のためと、ご容赦願いたい。

平成政治20年史／目次

第一章　自社五五年体制の終焉

平成元年〜平成五年六月

昭和天皇の崩御

昭和天皇のご病状が重体と発表されたのが、昭和六三年（一九八八）九月一九日。以来日本列島はご快癒を祈る国民の気持ちから、にぎやかな行事は自粛されていた。昭和六四年（一九八九）の元旦は、静寂さと憂愁のうちに明けた。

それにしても、年末にかけて政治の慌ただしさには驚くばかりであった。「消費税・リクルート国会」と呼ばれた第一一三回臨時国会が、一二月二八日のご用納めの日に閉会となる。前日の二七日には竹下内閣の改造が行われた。ところが、第一一四回常会が召集された一二月三〇日には（当時、常会は国会法で一二月召集と規定されていた）、長谷川峻・法務大臣がリクルート社から政治献金を受けていたことが報道され、即刻辞任した。後任に元内閣法制局長官の高辻正己氏が任命された。

年明けの三日に公明党は「人間的福祉社会の構築をめざして＝生活創造の世紀へ」という政

策を発表した。この政策は、前年に消費税制度を導入する際、公明党が福祉トータルプランの実現を政府に要求したことに端を発する。竹下登首相がこうした公明党の要求に理解を示し、私に、公明党にふさわしい新しい福祉政策を考えるよう要請があったのである。私が書いた『人間的福祉社会を目指して』という小論文を元に、公明党は消費税関連法案の国会審議で政策提言を行い、竹下首相はそれを評価、政府の政策とすると答弁したのであった。消費税関連法案を成立させるための、国会対策の一環であった。公明党は、それを整理し年初の国民への訴えとしたわけだ。その日の夜、公明党の権藤恒夫・衆院議員から電話があり、政治の裏側で政策の策定に協力したことに、丁重な礼を言われた。

竹下内閣は懸案の抜本的税制改革を実現し、リクルート問題も一段落し、長期政権が展望できる正月三カ日であった。

一月七日（土）早朝の午前六時、衆院議院運営委員長室の土田喜代治室長から「天皇が危篤になられた」と、電話がある。五分後、谷福丸・秘書課長から「なるべく早く出勤するよう」と電話が入る。当時、私は衆院事務局委員部副部長兼総務課長という職で、議院運営委員会の担当であった。直ちに千葉県柏市の自宅を出て、午前八時すぎ、地下鉄丸ノ内線の国会議事堂前駅に着き、官邸前の出入口で、官邸に弔旗が掲げてあるのを見て、崩御されたことを知った。

天皇崩御に関わる国会の仕事は沢山ある。弔詞《ちょうし》の起草、昭和天皇の大喪の礼の行われる日を休日とする法律の制定、新しく天皇誕生日を一二月二三日に改める法律の制定をはじめ、国権の最高機関として多くの行事に議長や議員が参加していく準備があった。

元号は平成

午後二時、緊急議院運営委員会理事会を開き、弥富啓之助・衆院事務総長から、「本日午前六時三三分、天皇が崩御され、皇太子明仁親王が皇位を継承し即位された」と報告があり、天皇崩御に関わる国会の対応について説明があった。

午後二時半、小渕恵三官房長官は元号を『平成』とすると発表した。出典は史記の「内平外成」及び書経の「地平天成」から引用したものである。竹下首相は首相談話で「国の内外にも天地にも平和が達成される」ことを祈願したと説明した。著名な漢学者が事前に立案したもので、いかにも竹下首相らしい元号である。元号法により翌八日から施行した。

国会の対応で最初に困ったのは、共産党が「憲法上、弔詞を贈呈すべきでない」と主張したことであった。共産党は国会の開会式に天皇が出席することにも反対し、これまで開会式に参加していなかった。天皇の崩御に特別の弔詞を贈呈する憲法上の根拠がない、というのである。弔詞の草案をつくる内閣委員会理事会にオブザーバーで参加する共産党の柴田睦夫委員が

「委員会でも本会議でも、出席して反対する」と表明して、大騒ぎとなった。

弥富事務総長に呼ばれ「共産党を説得できないか」と言われる。共産党控室に行くと、寺前巖・国対委員長と東中光雄・議運理事がいた。「天皇制について共産党の主張を批判するつもりはないが、国民総じて弔意を表している。国会として天皇との歴史と慣行がある。国民の総意を代表する形で弔詞を決定する議事で反対するとなると、国民はなんと感じるだろうか。委員会本会議とも欠席することを考えていただけないか」

とお願いすると、寺前国対委員長が「党内で相談してみる」とのこと。結果、共産党は欠席で、全会一致の弔詞の形をつくることができた。

次に問題となったのは、議運理事会で自民党の吹田愰・理事が「本会議で弔詞を議決するとき、黙禱《もくとう》してはどうか」と提案したことであった。それにつられて自民党の糸山英太郎・理事が「それは失礼になる。拝礼をしてはどうか」と発言した。二人は同じ自民党でも派閥が違い、ライバルだ。面子《メンツ》をかけた議論となる。私が糸山理事に耳元で「一礼二拝という拝礼となると、宗教行事になり国会では無理ですよ」と説得すると、「早く言ってくれよ。恥をかかなくてもよかったのに……」。ということで特別なことをしないことになった。

一月二七日、昭和天皇の殯宮祗候《ひんきゅうしこう》に参列した。皇族や各界の代表者が、昭和天皇の柩を安置している皇居の正殿・松の間で、交代で黙想を行う「お通夜」にかかわる行事である。

この日は、新天皇・皇后両陛下もご一緒の祇候で、午後二時から約四〇分間黙想を捧げた。黙想中、昭和天皇の霊魂に弔意を表し、ご生前のご労苦をしのんでいるうちに、ふと脳裡に浮かんだことがあった。それは「何故、自分がここにいるのか」ということであった。そして昭和一〇年に生まれて物心がついて現在に至る自分の過去が、一瞬にして甦ったのである。「人は過去を振り返るとき、光より速く時間と空間を遡ることができる」ことを実感した。

昭和天皇については、いくつかの思い出がある。昭和五一年（一九七六）のロッキード事件で、国会が混乱し二カ月近く審議がストップした。田中角栄元首相が逮捕されるなど社会的にも混迷した。当時、私は前尾繁三郎・衆院議長の事務局秘書であった。この第七七回国会で成立した重要議案は、各国が核兵器の拡散を防止する「核拡散防止条約」だけであった。

この条約は日本が署名して六年間、与野党の中で反対があって放置されていた。唯一の被爆国である日本が、承認批准しないことについて、昭和天皇は心を痛められていたのである。昭和天皇は前尾議長を格別に信頼されており、ロッキード事件で紛糾する国会であったが、この条約の国会承認を強く要請し、前尾議長は強引に成立させた経緯があった。

昭和天皇がこの条約にこだわった話は、前尾氏から私は直接聞いている。さらに、昭和五四年（一九七九）一〇月七日の総選挙で前尾氏が落選し、政界引退を考えていたとき、昭和天皇は宮内庁を通さず、実弟の高松宮殿下を使者として前尾邸を訪問させ、

「前尾が総選挙で落選したのは誠に残念だ。国のためにどうしても大事な人物なのだから、ぜひ再起して政治を続けてほしい」

と、ご意向を伝えている。

昭和天皇は、昭和五三年（一九七八）五月に、高知県土佐山田で開かれた「全国植樹祭」に臨席された。そのとき、宿願の足摺岬《あしずり》に足を延ばされた。ここは、ジョン万次郎と私の故郷である。実は、昭和天皇は昭和五二年の秋から体調を崩され、宮内庁では高知の植樹祭には臨席しないことを検討していた。

当時私の部下、松平健君の父親が侍従で、その筋の情報によると、天皇は「足摺岬には、どんなことがあっても行く」と周辺を困らせていたようである。足摺岬は黒潮の主軸が直岸する日本で唯一の場所だ。陛下が足摺岬行きにこだわった理由は柳田國男博士が発表した『海上の道』にあった。宝貝を求めて、黒潮で島づたいに北上した玄関が足摺岬であったと、日本人のルーツについて陛下にもお話ししたことによる。陛下は海洋生物学者でもあり、格別な関心をもたれていたそうだ。

宮内庁では、年末年始の宮中行事を調整して陛下の健康に留意した。足摺岬に二泊され、海洋生物にも親しまれ、すっかり健康を回復されたといわれている。足摺岬の巨石遺跡の磁場と黒潮のオゾンは、心と身体の癒しとなったのだろう。

大葬の礼は、二月二四日、新宿御苑で一六四カ国の代表が参列して行われた。

リクルート事件と中曽根前首相の証人喚問

昭和天皇崩御に関連した国会の行事も一段落して、竹下内閣は長期政権をめざし第一一四回常会の再開準備を行っている最中、リクルート事件が再燃する。一月二四日、原田憲・経済企画庁長官がリクルートコスモス社から、政治献金を受けていたことが報道され辞任した。一カ月の間に二人の閣僚が辞めたことで、竹下政権は苦境に立った。同月三〇日には原健三郎・衆院議長が、リクルート社に一五〇〇万円相当のパーティ券を買ってもらったことが報道され問題となる。

二月七日、竹下首相から「一〇日に施政方針演説が始まる。政権運営について率直な意見をいってほしい」と連絡が入った。竹下首相とは昭和四〇年、第一次佐藤栄作内閣の官房副長官の時からの付き合いである。私が園田直・衆院副議長の事務局秘書で、国会対策費を預る関係で、竹下首相は自民党幹事長時代も、首相になってからも政局の節目で、直接間接に私の意見を求めてきた。

私は『政権を担当されるうえで留意されたい問題点』というメモを届けた。その中で、今の竹下政権は霧がかかったように視界が見えにくくなった、昭和天皇の崩御で国民全体が、政治、経済、社会活動に積極性がなくなり心理的に退行現象が発生している、その対応策として、本格的な政治改革の実現を国民に公約し、リクルート隠しと言われないようにしなければならない、と進言しておいた。

国会は竹下首相の施政方針演説で再開されたものの、リクルート疑惑追及の一色に染まる。中曽根康弘・前首相のNTTスーパーコンピューター疑惑で巨額なカネが動いたとか、竹下首相の青木伊平・秘書とリクルート社の間で政治献金疑惑があるといった新しい問題が取り上げられるようになった。

「リクルート事件」とは、前年（昭和六三年）六月に朝日新聞が川崎市助役の疑惑に関して報道したことが発端であった。リクルート社の川崎市誘致時に、リクルート・コスモス社の未公開株を子会社からの融資で買い、二年後に公開したときの値上がりで数倍もの「濡れ手で粟」の利益を得るという不祥事があった。この手口で与野党の幹部に未公開株が渡っていたことが発覚した。さらに、中曽根・安倍・宮沢・竹下という自民党首脳の秘書にも同様の方法で譲渡されていたことが報じられた。未公開株はリクルート社の江副浩正・会長から政界、官界、マスコミ幹部などに渡され、特にNTT首脳との疑惑が話題となっていた。同じ時期、消費税国会は江副会長の証人喚問をめぐって紛糾した。野党はリクルート社が株を渡した政界関係者リストを資料要求し、私が江副証人にアドバイスする役になったり、さんざん苦労した。

二月一六日から衆院予算委員会で総括質疑が始まり、社会党の山口鶴男・書記長が冒頭で「中曽根前首相の証人喚問」を要求、予算審議の見通しが立たなくなった。同月二〇日予算委員会で「リクルート問題集中審議」が行われた。同日、私は日記に「中曽根前首相のスパコン疑惑は深まる。竹下首相の青木伊平秘書のことも苦しそう……」と記している。野党側は社会党を中心に、総予算の衆院通過は中曽根前首相の証人喚問が条件だと主張した。自民党内では、中曽根証人喚問問題と竹下首相への疑惑問題をめぐって党内抗争が始まり、竹下政権の総主流派体制が崩れ、一段と苦境に立たされた。

中曽根・竹下の権力闘争とその余波

三月に入って、小沢一郎・官房副長官から「リクルート事件と国会審議、政局のシミュレーションをつくってほしい」と要請される。自社五五年体制の頃、自民党政権は問題が発生するとしばしば、解決の方策について衆院事務局に何通りかのシミュレーションを作成するよういってきた。その担当が私だった。そこで私は三月九日に①国会議員が逮捕されず捜査が終わるケース、②前首相を除く複数の国会議員が在宅起訴され捜査が終わるケース、③前首相を除く複数の国会議員が逮捕、起訴され捜査が終わるケース、④前首相が在宅起訴され捜査が終わるケース、⑤前首相が逮捕、起訴され捜査が終わるケースをメモにして届けた。

小沢官房副長官は懸命に事態の打開に努力したが、政局は中曽根前首相と竹下首相の権力闘争となった。そういえば二月上旬、朝日新聞のA記者から重要な情報を聞いていた。

「検察の狙いは中曽根さんで、一説によると総理経験者を問題にするかどうかは、一〇億円以上の違法な金を基準にしてるそうだ。どうもリクルートだけでなく都市開発やドル減らしのため米国製品の購入など一連の民活で一〇億円は超えたという情報がある。三月に入れば中曽根さんの身辺に限りなく近くなるという見方が強くなっている。中曽根側は竹下政権が検察を牽制しないと、だいぶ不満をもっているとの話も聞く。党内的にも波風が出るだろう……」

四月に入って、社会・公明・民社・社民連の四野党は党首会談を開き、「内閣総辞職、衆院解散要求、および連立政権協議会の結成」で合意した。この時期、公明党は矢野絢也・委員長の明電工事件と某衆院議員のリクルート社との疑惑が報道されていた。また、民社党は塚本三郎・委員長の未公開株譲渡問題が話題となっており、社会党の強硬路線に同調せざるを得ない事情があった。

四月半ばすぎ、安倍晋太郎・自民党幹事長が発病し入院した。前年の「消費税国会」では、自民党の渡部恒三・国対委員長や小泉純一郎・国対筆頭副委員長が役に立たないため幹事長として苦労したが、穏健な人柄で野党に信頼があり消費税導入に貢献した。安倍幹事長もリクルート社からの政治献金で問題となっていたが、竹下首相と中曽根前首相の権力闘争では、はっきりと竹下首相側で行動した。自民党内の抗争は泥沼化し、中曽根派は安倍夫人がリクルート社関連企業から顧問料をもらっていたことをマスコミにリークするなど手段を選ばなかった。安倍幹事長の発病は、日頃から体調がすぐれなかったことに加え、夫人の顧問料を知らなかったためにショックを起こしたようであった。リクルート事件の一番の犠牲者は安倍幹事長であったといえる。次期政権を期待されたまま平成三年五月一五日帰らぬ人となる。

四月二一日、自・社・公・民四党の幹事長・書記長会談は、中曽根証人喚問問題で決裂する。さらに竹下首相にも、江副リクルート社会長から五〇〇〇万円の借金があったとの情報が流れた。同日、竹下首相から政治の情報収集役をやっていた早坂茂三氏を通じ「政局に臨む姿勢」について意見を聞かせてほしいとの連絡があり、直ちにメモを届けた。

ポイントは事態打開のため、国会決議を行うことというもので、その内容は①証人喚問を含む真相解明を行う、②政治倫理の確立を誓う、③政治改革の断行を国民に約束する、というものであった。

メモの最後に、これからの厳しい政局に臨む参考にと、大本教の教祖・出口王仁三郎《おにさぶろう》翁の言葉を記しておいた。「〝人事を尽くして天命を待つ〟という心境では悟りが足りない。〝人事を尽くして天命に遊ぶ〟という心境になってこそ、天は力を貸す」というものだ。

四月二三日の日曜日、早坂氏から電話があり「竹下総理がとても感謝していた。アドバイスの通り事態収拾に午後から取り掛かる。それにしても〝人事を尽くして天命に遊ぶ〟とは良い言葉だった」。この伝言で、竹下首相は辞める腹を固めたと感じた。

翌二四日、与野党国対委員長会談が断続的に開かれたが、話し合いはつかなかった。二五日午前一〇時半、小沢官房副長官から電話があった。

「いまさら振り返っても仕方がないが、二一日の幹事長・書記長会談の決裂は残念だった。中曽根喚問に野党が拘《こだわ》り、中曽根前首相も応じなかった。あとは竹下首相に恥をかかせないようにしたい。

本人は参院で予算を成立させてからという考えだが、リクルート問題で吊し上げられることは忍びない。衆院で予算を通したところで内閣を総辞職させたいが、憲法など法規と慣例上問題はないか。意見を言ってほしい」

私はこう答えた。

「法規的には予算を成立させずに内閣が総辞職する場合、新内閣が閣議で継続させる決定をすれば問題ありません。昭和三二年度予算で石橋内閣から岸内閣に代わったとき、予算を継続させました。参院で成立させてから総辞職するかどうかなど時期は、すべて政治判断です。竹下首相の判断に任せるべきです」

それにしても、この事態で竹下首相に政治家としての体面を守らせるため、憲法や慣例上の問題について冷静に情報を集めて、進言しようとする小沢官房副長官の心情に感心した。

二人の関係は小沢夫人の妹が竹下首相の弟・亘《わたる》氏の夫人という義理の兄弟の関係であった。

竹下首相の退陣劇

午前一一時半、竹下首相は記者会見し、「総予算の成立を果たし、政治責任を取って退陣する」と表明した。翌二六日には、竹下首相の青木伊平・秘書が自殺するという不幸が発生した。

竹下首相の退陣表明にもかかわらず、衆院予算委員会は中曽根前首相の証人喚問をめぐって、与野党の対立が続く。四月二七日午前予算委員会で自民党はがまんができず単独強行採決を行う。翌二八日、自民党単独の本会議を強行開会し総予算を採決する。憲政史上初のことで批判が高まる。多賀谷真稔・副議長は辞表を提出するも、原議長は「明日考える」とのことであった。

ゴールデンウイークの連休が過ぎ、リクルート事件の捜査に動きが出る。五月一二日午前、東京地検特捜部の林検事から会いたいとの電話があった。午後一時来訪、公明党の池田克也・衆院議員の委員会での質疑など国会活動について調査を依頼される。同月二一日、公明党は臨時党大会で矢野委員長・大久保直彦・書記長が辞任し、石田幸四郎・委員長、市川雄一・書記長体制となった。

翌二二日には、藤波孝生（自民）、池田克也（公明）の両衆院議員が、リクルート事件の受託収賄罪で在宅起訴された。続いて二五日午前、衆院予算委員会で高辻正己法務大臣が、リクルート事件の捜査状況について中間報告した。事実上の捜査終了宣言である。午後、中曽根前首相が衆院予算委員会の証人喚問に応じ、「自分は関係ない」とリクルート疑惑に開き直った。ロッキード事件と同じ展開となった。

この日、共産党の寺前国対委員長らに呼ばれ、「この政治状況をどう考えるか」と問われた。「革新政党が、だらしないからですよ。天安門を見なさい。この国会議事堂をとり囲もうとする人間が、日本にはいないじゃないですか。憲法の危機ですよ」「参った。参った」と寺前氏。

竹下自民党総裁の後継には、五月三一日に宇野宗佑・外務大臣を竹下首相が党四役会議で推薦し、自民党内の長老グループと若手が反発したが見切り発車した。当初、竹下首相は清貧で国民から信頼されている伊東正義・元外相にこだわったが、伊東氏は経世会支配の政権のことを「本の表紙だけ替えても駄目」と固辞した。竹下首相は後継について経世会会長の金丸信に相談しなかったため、両者の間に波風が立つことになる。同日、中曽根前首相は、リクルート疑惑の責任をとり、自民党を離党した。

竹下首相退陣の段取りが進むなかで、難問が残っていた。それは原衆院議長の辞職問題であった。総予算を自民党単独で強行採決したことで、野党は辞職を要求し原議長の元では国会審議に応じられないとしていた。与党自民党も早く辞職させ国会正常化をと、連日首脳たちが説得したが、原議長をますます頑固にさせていた。原議長は政治家としては変わった経歴を持っており、雑誌編集長や映画の脚本を書く文化人で、自分の思いを通す人であった。竹下首相が、東京ガスの安西会長が原議長の友人なので、安西会長から口説かせようとの智恵を出し、私がそのセリフをつくることになった。

「国権の最高機関の長として、あらゆる批判を越えてあえて予算の強行採決を決断したことは、友人として敬意を表したい。しかし、決断が重大で異例な場合、常に責任が伴う。責任を見事に果たしてこそ、その決断は歴史に残り国民から評価される。それが政治家の宿命である。政治家の運命とはまことにせつないものである」

というもので、六月一日、原議長は辞表を提出した。後日談だが原元議長は「安西の口説き文句は映画のセリフのようだった」ともらしていた。

六月二日、衆院本会議は原・多賀谷正副議長の辞職を許可し、田村元・議長、安井吉典・副議長を選出した。国会は宇野宗佑氏を内閣総理大臣に指名した。宇野首相は幹事長に橋本龍太郎を指名、宇野—橋本体制となった。

竹下首相は総辞職にあたって、五月下旬に自民党の政治改革委員会（会長・後藤田正晴）がまとめた『政治改革大綱』の実現を、自民党の衆参両院議員に要請した。この大綱は衆院に比例代表制を加味した小選挙区制を導入し、政権交代を可能とするとともに、国会・地方議員の資産公開、パーティや寄付の規制、政治資金による株式売買の禁止などを網羅していた。また、派閥と族議員の弊害を除去し、わかりやすい国会を実現しようとするものであった。平成時代二〇年間の政治は、この『政治改革大綱』の実現をめぐって、本当に日本を改革しようとする勢力と、改革の仮面をつけて官僚や財界と共に既得権を守ろうとする勢力の闘いであった。それは今日でも続いている。

衆参逆転と海部・小沢政権

宇野首相は六月五日に衆参両院で所信表明演説を行った。何時《いつ》もと違って元気がなく調子がおかしい。何かあると気にしていると、数日して「女性スキャンダル」が週刊誌に報道され、国会で問題となる。第一五回参院通常選挙も七月二三日と決まり、全国的に選挙モードのなか、宇野政権は多事多難の船出となった。

参院選挙が公示され、自民党の敗北が予想されるようになった七月七日、小沢一郎・経世会事務総長から電話があり、「参院選挙で自民党が過半数を割った場合、政権を野党に渡すほうが自民党の将来にプラスになるという意見が、経世会にあるが意見を聞かせてほしい」とのこと。「政権は衆院でつくることが憲法の原理だ」と説明した。

昭和二三年、民自党（民主自由党）が分裂して、野党の民主党が民自党の山崎猛・幹事長を擁立しようとして失敗した第二次吉田内閣の成立をめぐって、父親の小沢佐重喜が苦労をした時代の資料を届ける。

二三日に行われた参院選挙の結果は、自民党は比例区で一五名、地方区で二三名（追加公認二名）しか当選させることができず、非改選議員を合わせて一一一名という惨敗で、過半数を割った。翌二四日、宇野首相と橋本幹事長は、参院選敗北の責任を取って退陣を表明した。社会党は女性党首・土井たか子の人気で四六名を当選させ、統一候補であった「連合」の当選者を加えると五七名という圧勝であった。公明党は一〇名、共産党五名、連合一一名、民社三名、諸派五名、無所属一〇名で、参院は与野党逆転となった。

自民党の敗因は、前年の秋、強引に導入した三％の消費税制度に対する国民の反発と、リクルート事件をはじめ自民党政治家の政治腐敗に対する厳しい批判であった。土井社会党委員長は「山が動いた」と参院選挙の成果を謳《うた》い、消費税廃止法案を秋の臨時国会に提出することを表明した。

宇野総裁の後継をめぐって、竹下派経世会の小沢事務総長は各派閥に経世会所属の橋本龍太郎・自民党幹事長を打診したが、橋本氏に女性問題が浮上し、金丸信・経世会会長は橋本擁立と経世会からの総裁擁立を断念する。八月八日、自民党の両院議員・都道府県代議員による投票で、経世会の推《お》した海部俊樹が自民党総裁に当選する。

翌九日、海部内閣は発足するが、参院では野党が多数。衆参両院で首班指名が異なるのは三六年ぶりであった。憲法の規定で両院協議会が開かれ、衆院の指名が国会の指名となった。三六年ぶりの両院協議会なので、それを経験した国会職員は一人もおらず、現場責任者の私はさんざん苦労した。海部内閣は三木派の首相（海部氏）を、経世会の小沢一郎が自民党幹事長となって担ぐということになり、「海部・小沢政権」と呼ばれた。

参院での野党多数、昭和三〇年（一九五五）の自社五五年体制以降、国会は初めて衆参ねじれとなった。平成元年には現在とは違って、衆院で与党が三分の一の議席がなく、与党自民党は政策の近い公明・民社と話し合って国会を運営していった。自民党が単独政権をとって以来、初めての難儀である。法律案については衆院で予《あらかじ》め野党と内容について話をつけておかないと成立しない。衆院で再議決するには自民党だけで三分の二の議員数が必要である。予算や条約について憲法六〇条で、三〇日間に参院が結論を出さない場合、自然成立するという衆院に優越権があるが、憲法の解釈運用で学説が一致していないという問題が山積していた。これまでの自民党による独善的な国会運営はできなくなったのだ。米ソ冷戦が終わりに近づき、日米安保体制など日本を取りまく政治状況が、自民党一党支配や「自社五五年体制」の限界を示すようになった。

海部首相のさわやかさで、内閣支持率も回復に向かった八月二四日、山下徳夫・官房長官の女性問題が報道され、後任に森山真弓氏が決まった日、小沢幹事長から赤坂の料亭〝浅田〟に呼ばれた。公明党の権藤恒夫・衆院議員も一緒で、小沢氏が議運委員長時代、権藤氏は理事、私が事務局の担当課長で三人は馬が合い、竹下さんから「兄弟のようだ」と言われた仲であった。いきなり、

小沢　私が幹事長になったのは、ポストを求めたのではない。竹下さんは反対したが金丸さんから強く言われたからだ。国際情勢も変化し、自社五五年体制で政治をやれなくなった。大変化の時期だから引き受けた。これからもよろしく頼む。

権藤　わかった。

平野　これまでのように個人的意見を言うわけにはいかない。与党の幹事長だ。

小沢　自民党には、僕の考えをわかる人は少ない。なんとしても自民党を改革したい。言いたいことがあれば、いま言ってくれ。

平野　政治改革が大事だといって『政治改革大綱』をつくっても放りっぱなし。解党的改革をしないと、国民から見捨てられますよ。

小沢　このままなら、二年に一度、派閥のボスは捕まるだろう。僕は総理になるためのカネ集めをする能力はない。総理になるつもりもない。自民党の解党的出直しをしたいのだ。もしそれができないなら、自民党を潰す。国家国民のために必要なのだ。ぜひこれからも相談にのってくれ。

小沢幹事長の真剣な話に、私も事務局の立場を越えざるを得なかった。田中角栄、金丸信、竹下登らが肥大化させた自民党を潰そうという話だ。後に引けない、小沢一郎との付き合いは天命だと腹を固めた。私にとっては人生の岐路となる夜であった。

冷戦の終結が日本に与えた影響とは

九月二五日、衆院事務局の人事異動で国会運営の現場責任者である委員部長に昇格した。参院が野党多数となり、国会全体の運営が困難となったための異例な人事であった。それを機会に小沢幹事長とこれからの政治秩序をどうすべきか、徹底的に議論した。結論は、「リクルート事件により、選挙制度の改革を行う最後のチャンスがきた。さらにベルリンの壁の崩壊である。日本が責任ある政治を行うためには、派閥解消をいくら叫んでも駄目だ。選挙制度を改革して政権が交代する仕組みをつくらない限り、日本の政治は腐敗を続ける」というものであった。

この小沢幹事長の考えを、伊東正義・自民党政治改革本部長、後藤田正晴・同本部長代理が理解していた。一一月末、自民党の政治改革推進本部は「選挙制度改革要綱案」を発表した。その内容は小選挙区比例代表並立制を柱に、政治資金の規正、政治倫理の確立を提言したものであった。

ベルリンの壁の崩壊を機に、東欧の社会主義諸国は次々と体制を移行させていった。一二月二日、地中海のマルタ島でブッシュ米大統領とゴルバチョフ・ソ連書記長による米ソ首脳会談が開かれ、東西冷戦を終結させた。国際情勢の激変は、当然わが国の政治にも大きな影響を与えた。冷戦で支えられていた日米安保体制の見直し、バブル経済に浮かれた日本人の驕りをどう反省するのか、課題は山積していた。日本の多くの指導者は、冷戦の終わりを米国の資本主義の勝利だと認識し、平和な時代が訪れると期待した。

小沢幹事長は、「米ソ冷戦の終結は、パンドラの箱が開いたのと同じだ。各地で紛争が発生し、市場原理優先の経済によって国際的混乱が始まる」と考えた。小沢幹事長の発案で、日本が明治時代に議会政治を導入して以降、世界政治の大変動によって日本国内の政治構造がどのような影響を受けたのか、調査することになった。結論は、「世界で政治が大変動したとき、日本では政党再編が起こる」というものであった。それをレポートにまとめた。

竹下元首相と金丸経世会会長に説明しようということになり、「米ソ冷戦の終結という激動のなかで、わが国も政界再編により、政権交代ができる仕組みへ変わらざるを得ない」と伝えたところ、竹下元首相は、「公明・民社とパーシャル連合でしのげる。政権交代で自民党が政権から下りるような改革は必要ない」、金丸会長は「自民党が社会党と提携すればよい」と、両者ともまったく理解しなかった。

一二月に入って田中角栄元首相の引退声明があった。参院で野党が提出した「消費税廃止法案」が可決され、衆院に送付されてきたが、三日後の一二月一四日、衆院で審査未了として廃案となった。参院で与党少数の臨時国会をなんとか乗り切った海部政権であったが、次の課題は「衆院の解散」をどのように断行するかであった。

一月七日の昭和天皇崩御によって始まった「平成」の二〇年という時間の流れは、この平成元年という一年間に凝縮される。平成元年の政治混迷を拡大したのが、平成二〇年間の混迷であった。日本はこの二〇年間に何が変わったのか、政治の劣化、経済の停滞、人間教育の崩壊等々——。そして何よりも、平成元年当時、ようやく芽生えた「日本政治の抜本改革」が忘れられてきたことである。

小沢の「悪役」と「豪腕」ぶり

平成二年（一九九〇）七月には衆院議員の任期満了となる。リクルート事件総括のためにも国民は早期の解散を要求した。この総選挙で与党自民党が負けて少数となれば、政権は野党に移ることになる。常会再開冒頭の解散必至という状況で、日程や具体的段取りで海部政権内部でも揉《も》めていた。

正月早々の五日午後一時半、小沢幹事長から電話がある。

「新年から解散の手順で頭が痛い。冒頭解散が評判が悪く、代表質問をさせた方がよいかどうか、意見を言ってくれ」

「解散の手順は、その時の幹事長の見識を問われるもの、よく考えよく話し合って状況に沿ってやるべきだ。昭和六一年の中曽根内閣の衆参同日選挙の時は、金丸幹事長が中曽根首相の暴走を抑えることができず、〝死んだふり解散〟で歴史に汚名を残した。昭和四一年の〝黒い霧解散〟は、佐藤首相が福田赳夫・幹事長の進言を受け入れ、国民の総意を生かした。選挙に勝てることが一番」と進言した。

この時期、政局の動きをもっとも心配していたのは、公明党の支援団体「創価学会」であった。前年の参院選挙で自民党が惨敗したとき、秋谷栄之助・会長の代理がしばしば、衆院解散の時期や政局の展望について情報を求めてきた。年が明けて、創価学会がもっとも神経を使っていたのは、政界再編が行われるかどうかということであった。一月九日、依頼されていたレポート『政界再編はどう展開するか』を、秋谷会長の代理に渡す。そこに「政界再編はすでに始まっている」こと、さらに「公明党が傍観していると、自民と社会の提携が始まる」と指摘しておいた。このレポートが、その後の公明党の動きを変えていく。

一月二四日、海部首相がヨーロッパから帰国するのを待って、衆院本会議の開会冒頭解散となった。海部首相は得意の弁舌でパフォーマンスとして施政方針演説をすることに拘ったが、そうなれば各党の代表質問をやることになる。リクルート問題が再燃し、元旦に報道された中曽根元首相のスキャンダルなどで追及され、自民党が不利になると判断した小沢幹事長が悪役を買って、あえて海部首相を説得して、政府演説も代表質問もしないという異例の解散となった。

最大の問題は、自民党の資金づくりであった。前年の参院選挙で党の金庫は空っぽ。小沢幹事長は党改革の一環として、財界からの政治献金は派閥と個人を止《や》め、党を唯一の窓口とした。その上で、経団連に「次の総選挙は体制を選択する選挙になった。三〇〇億円を献金して欲しい」と要請する。経団連会長の斎藤英四郎はじめ首脳たちは「若造のくせに高圧的だ」と渋る。そこで小沢幹事長は経団連の頭越しに、経団連が従来やっていた鉄鉱業界、自動車業界、石油業界など産業界別の献金割当を直接に実施した。経団連も最後には協力したが、残ったのは小沢一郎の豪腕ぶりであった。この総選挙で小沢の「悪役」と「豪腕」ぶりが話題となり、マスコミの餌食となり、党内の長老からも嫌われるようになる。

小沢幹事長は、衆院解散直前の一月九日、解散の手順と総選挙の日程を非公式に協議したとき、私に「僕は三月、四月にかけて、新しい政治の枠をつくることに政治生命を懸ける。失敗すれば政治家を辞める」と決意を語った。総選挙の結果、自民党は追加公認を加え二八六名の安定多数を得た。リクルート事件などでの退潮に歯止めをかけた。社会党は五一増の一三六名、公明党は一一減の四五名、共産党は一〇減の一六名、民社党は一二減の一四名となった。野党では社会党の一人勝ちとなり、公明党と民社党は昭和四〇年代から続けてきた社公民路線が解体されることになる。

総選挙後の特別国会で紛糾したのは、人事院勧告による公務員給与法案と補正予算の審議方法であった。これまでの自社馴れ合い政治では、給与法案に賛成し補正予算に反対する社会党の国会運営を、自民党は容認していた。理論的にいえば、給与法案に賛成するならその予算を裏付けした補正予算に賛成すべきである。ところが補正予算には防衛費など社会党が賛成できないものもある。そこで、小沢幹事長は給与法案と補正予算の同時審議を要請した。これは、参院が与野党逆転の中で野党も責任を持つべきだとし、賛成の理由と反対の理由を国民に明らかにすることが、政党の責任だと社会党に迫ったのである。

社会党は、これまで自民党に寄りかかる、いわゆる「甘えの構造」に拠っており、裏側では事実上の連立政治であった。これを切断して新しい政治をつくろうとしたのだ。国会審議で社会党は我儘《わがまま》が許されなくなり、矛盾した政策態度を国民から批判されることになる。「小沢一郎はファッショだ」と社会党は怒り大騒ぎとなった。結局、補正予算と関連法案を一括処理することで、小沢幹事長は新しいルールをつくることになる。国会改革のスタートであったが、これに恨みをもった社会党左派は、小沢一郎に反発していくことになる。

小沢幹事長の展望する新しい政治の枠組みについて、民社党は米沢隆・書記長を中心に基本的な合意の見通しはついていたが、公明党が「平和・人権・福祉」という立党の理念が生かせるのかと、その説得に苦慮した。そのため創価学会を通じて『生活者のための船中八策』の実現を提示し、それを石田幸四郎・委員長が公明党大会での挨拶で提言し、社公民路線を凍結する方針を決めることになる。小沢幹事長は、新しい政治の枠組みを四月中につくる決意であったが、その基礎工事を終えたことで、政治改革に取り組むことになる。

政治改革のスタートと湾岸戦争

平成二年四月二〇日午後八時、小沢幹事長に呼び出されホテルニューオータニに行くと「二三日に海部首相と会って、政治改革、まずは選挙制度改革について腹を聞く。総理本人が『政治生命を懸ける』と言ってくれれば、僕が責任を持ってやる」

と、いままで見たこともないほど真剣な顔つきで言いだした。衆院の選挙制度は西独方式の「小選挙区・比例代表制」を参考としたい、参院の選挙制度に間接選挙か候補者推薦制を導入できないか、憲法の限界を研究してくれと、私に宿題を出した。

同月二二日、海部首相の安藤光男秘書から電話がある。

「明日、海部・小沢会談がある。首相に選挙制度改革の意義について勉強させたいので、わかりやすいメモをつくってほしい」

翌二三日朝、私は『政治改革問題の展望について』を届けた。衆院中選挙区制による自民党の派閥政治が政治腐敗の原因であること、ロッキード事件以来の政治の劣化を続けていては、日本の存立はないこと、健全な政党間での政権交代が可能な改革を断行することなどを記しておいた。

その四月二三日夕刻、海部首相と小沢幹事長の会談が行われた。午後六時頃、安藤首相秘書から「小沢幹事長は機嫌が良かった」との電話があった。かくして、政権政党である自民党側からの政治改革が始まることになる。

連休明け、小沢幹事長に呼ばれ、

「第八次選挙制度審議会で選挙制度改革の答申はまとまるらしい。後藤田さん（自民党選挙制度調査会長）の意見で、これからまとめる審議会答申の下敷きを極秘につくるように、ということだ。至急、準備してほしい」

極秘プロジェクトは、小沢幹事長、自治省選挙部長、衆院法制局第一部長、私の四人で、精力的に協議を行い、その状況を私から審議会委員の内田健三氏（政治評論家）に伝え、答申に反映させることにした。その中身は、衆院選挙制度だけでなく参院選挙の候補者推薦制も検討した。

五月一〇日、海部首相は選挙制度審議会の衆院小選挙区・比例代表並立制の答申を受けて、特別記者会見を行い、「政治改革に内閣の命運を懸ける」と発言した。答申の趣旨は、竹下首相が退陣の際、公約した『政治改革大綱』を生かしたものであった。ところが、早坂茂三氏の情報では、竹下元首相の政治改革への考えは褪《さ》めており、竹下派を増やして利権を得ることに関心を高くしていた。

海部首相の政治改革への決意表明は、自民党内の抵抗と社会党の反発を強くした。そこで小沢幹事長が考え出したのは、与野党の幹事長・書記長クラスによる西欧各国の選挙制度と政治改革の実態調査であった。米ソ冷戦終結と共産主義国家崩壊に西欧諸国がどう対応しているのか、日本はこのままでよいのか、というふれ込みであった。

七月一〇日、調査団は成田空港を出発。マスコミは「目的は選挙制度調査、土産は政界再編」と冷やかした。メンバーは、名誉団長、田辺誠・社会党副委員長、団長、小沢一郎・自民党幹事長、副団長、市川雄一・公明党書記長、同、米沢隆・民社党書記長、団員、野田毅・自民党副幹事長、同、西中清・公明党広報局長、同、池田行彦・自民党副幹事長、同、渋沢利久・社会党副書記長、同、中西啓介・自民党副幹事長で、私は事務局として同行した。

調査は一五日間にわたり、仏、英、西独の政党指導者や政府関係者、学識経験者と面接した。また、ベルリンの壁が崩壊した現場に立ち、国際政治の激動を実感し、戦後続けてきた日本の馴れ合い政治では駄目だという認識で一致した。この調査団に参加したほとんどが、三年後、平成五年（一九九三）八月の非自民細川連立政権に参加することになり、政治改革の推進力となる。

七月二五日に訪欧調査団が帰国し、秋の「政治改革国会」の準備を始めた矢先の八月二日、イラク軍がクウェートに侵入し、湾岸紛争が勃発した。八月の段階で革新系の憲法学者ですら、「自衛隊の医官などを人道的救援活動として派遣すべし」との意見が出されていた。八月末になって米国中心の多国籍軍が編成される動きになると、その論は消えていった。

小沢幹事長は「国連憲章の趣旨からすれば自衛隊の派遣も憲法に反しない」との考えだと八月二八日に報道され、政府与党内は大騒ぎとなる。野党も反発し、国家の政策決定ができなくなった。政治改革どころでなくなり、湾岸紛争にどう対応するか一色のなか、八月三〇日、安藤秘書から電話があった。海部首相が中東問題についての小沢幹事長の真意を知りたがっているという。

翌三一日、小沢幹事長に直接私が確かめたところ、真意は明確であった。要点は、

「自分は、今回のことで中途半端なことはできないと思う。

①憲法の文言どおりのことを守って、まったく何もしないということも一つの政治判断。

②国際社会の通念、常識の中で日本が生きていくなら、国連憲章、憲法の範囲できちんと対応すべきだ、というのも一つの政治判断。

③海部総裁の下にある幹事長なので、海部総理が決断するなら、どんな決断でも、党内を説得するのが自分の責任だ。中東問題は緊急事態が発生する可能性がある。そうなれば「自衛隊の派遣」もいろいろな制約はあろうが、現行制度の運用で理論的に可能である。これからの展開の中で総理がそういった決断をするなら、それを支えるというつもりで、記者団に説明したのだ。

④この問題が重大であることも、困難な問題を持っていることも、新しい立法、法改正があればより適切であることも承知している。しかし、それが間に合わないような非常時もありうるし、今の日本の状況において、国民に関心を持ってもらうことも大事と思った。

⑤いろいろ言われたが、現に社会党の若手は『憲法の前文は、国連憲章の精神そのものだ。緊急時に何もできないことはおかしい』と党執行部をつき上げているし、公明党も医官等の派遣について現実問題として党内論議を始めだした」

というもので、週明けの九月三日(月)、これをメモにして海部首相に届けた。その後、小沢幹事長自身からも、直接海部首相に説明したものの、この小沢幹事長の見識は理解されなかった。もっとも、この時期、政府与野党の中に小沢理論を支持するのは少数派で、日本は湾岸紛争をめぐって迷走する。

九〇億ドルの財源確保と九条問題

臨時国会の召集すら見通しがつかない状況で、海部内閣は、米国の要請を受けて、とりあえず予備費から四〇億ドルを拠出した。一〇月になって臨時国会が召集され、政府は憲法の範囲で人的貢献として自衛隊を活用しようと「国際平和協力法案」を提出したが、野党は強く反発し廃案を主張した。政府の憲法九条の解釈が、国連憲章などとの関係で混乱し統一性がなかったためであった。

事態を憂慮した小沢幹事長は、廃案の条件に日本が国際社会から孤立することを避けるため、各党に「国際平和協力に関する合意書」に合意するよう呼びかけた。結果は自公民の三党で合意が成立し、社会党と共産党が合意に反対した。公明党と民社党は社会党と完全に離れ、自公民路線が確立するという政治展開の筋目になったもので、若干の裏話を紹介しておく。

一一月六日、衆院本会議の休憩中、小沢幹事長に呼ばれ自民党本部の幹事長室で二人だけで会った。「幹事長・書記長会談で提示する合意書の叩き台をつくって、公明党の市川さんと民社党の米沢さんと相談しておいてほしい」とのこと。小沢幹事長の基本方針を聞き、事務局に帰りメモに整理していたところに、朝日新聞のN記者が訪ねてきた。土井社会党委員長と親しい人物で、合意書の叩き台をつくるのは私であることを察し、非公式にメッセージを伝えにきたのである。

土井委員長は米国のマンスフィールド元駐日大使と親しく、当時は国連中心主義で小沢幹事長と共通の認識があった。メッセージの要点は「自衛隊と別組織でPKOへの派遣なら、社会党内を説得する」というものであった。その趣旨を生かした叩き台をつくり、市川・米沢両氏と接触して、同日深夜、ホテルニューオータニに小沢・市川・米沢と私が参集した。合意書の叩き台で議論となったのは、

「自衛隊と別組織を自民党は了解したのか。平野さんは小沢さんに相談したのか」の米沢書記長の一言であった。小沢幹事長は「任せていますから」と涼しい顔で応える。後は四人で午前一時半まで痛飲した。

七日は、社会党が合意書への対応で紛糾し、与野党幹事長書記長会談は、八日午後三時から断続的に開かれ、社会党の山口書記長が自公民ペースによる合意に反発して、社公民による叩き台の提示を提案するなど混乱した。結局、三回目の会談が午後九時すぎに開かれ、社会党との話が決裂した。そして、九日午前二時四五分からの自公民幹事長書記長会談で「国際平和協力に関する合意覚書」が署名された。

国際平和協力に関する合意覚書

一、憲法の平和原則を堅持し、国連中心主義を貫くものとする。

一、今国会の審議の過程で各党が一致したことはわが国の国連に対する協力が資金や物資だけでなく人的な協力も必要であるということである。

一、そのため、自衛隊とは別個に、国連の平和維持活動に協力する組織をつくることとする。

一、この組織は、国連の平和維持活動に対する協力及び国連決議に関連して人道的な救援活動に対する協力を行うものとする。

一、また、この組織は、国際緊急援助隊派遣法の定める所により災害救助活動に従事することができるものとする。

一、この合意した原則に基づき立法作業に着手し早急に成案を得るよう努力すること。

この合意書は、これまでの自社「五五年体制」を崩壊させ、自民小沢グループと公明・民社による新しい政治をスタートさせるものであった。しかし、湾岸紛争（湾岸戦争となるのは翌年の一月一七日から、それまでは「紛争」といった）への厳しい対応は年を越し、合意書によるPKO法の成立は社会党の抵抗で、さらに混乱していく。

平成三年（一九九一）が明けると、湾岸紛争は戦争へと変わる。国連は安保理で米国を中心とする多国籍軍を決定していた。湾岸戦争への対応にもたつく日本に、米国は九〇億ドル（一兆二〇〇〇億円）の支出を要請することになる。これに対応するには、補正予算と財源をつくる法案を成立させなければならない。補正予算は衆院の優越権で自然成立させても、財源法は参院での可決が必要である。この時期、参院は野党が多数である。しかも衆院は与党自民党で再議決に必要な三分の二の多数はない。公明党の賛成が必要である。

通常国会再開直後の一月二九日、二見伸明・公明党政審会長が私の部屋に顔を出した。

二見　公明党内・学会婦人部に強い反対があり、九〇億ドルの財源は簡単に自民の方針に賛成できない。

平野　そうなれば民社も反対する。財源法は成立せず、海部政権は潰れる。となると筋から言えば、自民は下野し野党が政権をつくることになるが、公明はやれるか。

二見　とても社会党と一緒に政権なんかつくれない。しかし、自民党の言いなりになるとものすごいデメリットが出る。

平野　賛成するデメリットと、追加支出を潰すデメリット、どっちが深刻か。

二見　公明の判断で潰すと世界中から批判が出る。そこで何か智恵はないか。

平野　ギリギリどこまで譲れるのか。

二見　三〇〇〇億円程度は節約で、残りを増税でという方法なんかが我々の考え方だ。防衛費を含む行政経費の節約をやってほしい。

平野　歳出削減となると予算修正論になり、議論となる。九〇億ドル、一兆二〇〇〇億円全部を増税でまかなうのは駄目、三〇〇〇億円程度は政府でなんとか努力しろという議論なら、合意できるので、小沢幹事長に伝える。

財源についての考え方は出てきたものの、土井社会党委員長らが「他国の戦費を拠出することは、戦争放棄の憲法九条に違反する」と主張し、この影響を受けた創価学会婦人部が強く反対して、その説得の理論づくりに私も専念することになる。問題は憲法が米ソ冷戦終結後の日本の安全保障を確保するにあたり、これまでの単純な解釈運用でよいのかという点であった。憲法の新しい運用について、小沢幹事長と議論して「護憲開国論」をまとめた。

これは公明党の支援団体の創価学会婦人部を説得するためで、内容は「日本国憲法は、国連憲章を体した世界最初の憲法である。前文の〝国際社会において、名誉ある地位を占めたいと思う〟という精神に基づき、憲法九条を読み替えるべきだ。国連の決定があれば自衛隊を海外に派遣して国連の指揮下で活動することは憲法に反することではない。必要な資金協力も違憲ではない」というものだった。

結局、国連中心主義による国際平和の確保を公明党のアピールとして発表することで、公明党は賛成することになる。さらに九〇億ドルの拠出については、党首会談で海部首相が財源措置について文書を提出した。既定経費の節約、予備費の減額などで約二〇〇〇億円、平成三年度予算の減額約二〇〇〇億円、防衛関係費の減額で一〇〇〇億円を確保し、不足分について法人税と石油税等の臨時増税というものであった。これに公明党と民社党が賛成して、九〇億ドルの拠出が実現した。

湾岸戦争の日本の対応は、大騒動の末、二月二八日、九〇億ドル財源法案を衆院本会議に上程する直前、米ブッシュ大統領の戦争終結演説で、肩の荷を下ろすことになる。しかし、国内政治的にはこれからが大変であった。実は、この年の四月の統一地方選挙に東京都知事選挙が予定されていた。九〇億ドル財源法案を成立させるため、小沢幹事長は公明党と民社党と共同推薦候補を擁立することになる。

その候補者に公明党・創価学会が推すNHK出身の磯村尚徳氏を選ぶことになる。自民党都連はこれに反発し、高齢だが現職の鈴木俊一・知事を推薦することになる。自民党は党本部と都連が対立して知事選挙を行うという異常な展開となった。結果は鈴木現知事の勝利となり、小沢幹事長は敗北が確定した四月八日午後、自民党幹事長辞任を表明する。数日後、小沢氏とじっくり話し合った。

「これ以上、幹事長を続けていたら自分が暴発しそうだった。時代の流れを変えたつもりだったが、自己採点はできない。日本の国を改造するのはこれからだ」

という話が心に残った。後任の自民党幹事長には、小渕恵三が就任、一方の小沢一郎は六月二九日、心臓病で入院し、秋まで療養することになる。

小沢一郎の心臓病発症で、海部内閣の政治改革は大きな影響を受ける。八月に臨時国会を召集して、第八次選挙制度審議会の答申を受け、衆院に小選挙区比例代表並立制法案と政治資金の規制強化を中心とする法案を提出した。この時期になると、自民党はリクルート事件の反省も薄れ、政治改革に政治生命を懸けるとする小沢一郎や羽田孜を、熱にうかされた病人だとの批判が噴出した。

自民党内では、梶山静六・国対委員長が反対派の急先鋒で、社会党と連絡をとりながら政治改革法案潰しに懸命であった。公明党や民社党も、小沢一郎のいない国会で賛成に回ることは無理であった。羽田孜・自民党選挙制度調査会長を中心に改革派は、政治改革の灯を消さないようさまざまな努力をした。

その中で小此木彦三郎・政治改革特別委員長が急死する。小此木委員長は羽田氏と梶山氏と親しく、板ばさみとなっていた。衆院事務局委員部長であった私は、小此木委員長の相談相手であった。政治改革関連法案をなんとか継続審査とし、次の通常国会で成立させるというシナリオをつくった。これを知った梶山国対委員長に呼びつけられて、こっぴどく叱りつけられた。

「小沢と羽田と君は、水戸藩の書生派だ。政治改革といって自民党を潰す気か。小此木に智恵をつけていたのはお前だ。関連法案を廃案とする文書を書け!!」

というので、これは一度幕を閉めた方がよいと考え、「審議日数不足」を理由とする廃案宣告の文書をつくり、併せて各党間で政治改革の協議を始めるよう小此木委員長の見解を示して廃案とした。ところが、海部首相が政治改革の挫折になるとし、衆院解散を決意するが、自民党内で抑えられる。生憎《あいにく》、この平成三年の九月は自民党総裁の任期満了期であった。自民党の主要派閥の支持を失った海部首相は、政権の継続を諦めざるを得なくなる。

総裁候補面接事件

一〇月五日が自民党総裁の選挙の日であった。海部首相の解散指向を批判する竹下派が続投不支持となり、総裁選挙はにわかにあわただしくなった。総裁選を争ったのは、宮沢喜一、渡辺美智雄、三塚博の三人となる。この三人に絞るまですったもんだがあった。

金丸信・経世会（竹下派）会長は、自派から総裁を出すことにこだわり、派閥内を説得して病気から回復して活動を始めた会長代行の小沢一郎を擁立することになり、本人に決断を迫った。小沢一郎は「総理にふさわしい先輩がいる。自分はその任にあらず」と、頑なに断った。仮に小沢一郎が政権の座に、この時期に就いていたとしたら、日本はどうなっていたであろうか。

いろいろな見方があるが、病後であり激務に耐えられないとも、自民党の利権闘争の中で日本改造の構想を失脚させていたのではないかとも考えられる。金丸会長は小沢擁立を諦め、立候補を声明している三人から誰を候補に選ぶかを小沢一郎に任せた。小沢代行は三人に会って考え方を聞くことになる。それをマスコミが誤解して誤報を繰り返し、小沢一郎を生意気な若造として決定的に悪いイメージを国民に植えつけてしまう。いわゆる「総裁候補面接事件」である。

自民党総裁には小沢一郎が尊敬する宮沢喜一氏が選ばれ、平成三年（一九九一）一一月五日、宮沢内閣が成立する。海部政権が残した「政治改革」と「PKO協力法案」に取り組むことを宣言した。政治改革は各政党間で「政治改革協議会」が設けられていて、宮沢首相としてはその結論を待つことにした。しかし、PKOは国際公約であり先送りできない。

宮沢首相は、発足当初からリクルート事件で野党からの追及を受けていた。政権誕生に責任がある小沢氏は、消費税制度導入のとき宮沢大蔵大臣の下、リクルート事件と絡んで、官房副長官としてその処理に苦労をした思い出があった。野党は宮沢首相をリクルート事件で追及しようとした。それに対応できる作戦を考えてくれと小沢氏の要請で、私が野党の追及へのQ&Aなどさまざまな資料を作成して凌《しの》いだ。

PKO協力法案は、湾岸紛争に対応するため、自公民三党で合意したものがベースとなっていたが、政府の意向で「自衛隊と別組織」を「自衛隊を派遣する」と変更させたものであった。社会党が徹底的に反対し、衆院のPKO特別委員会では強行採決が行われた。参院では継続審査となり、平成四年（一九九二）の第一二三回常会で、参院始まって以来の大混乱を巻き起こし、社会党と共産党が記録に残る牛歩戦術を展開して成立した。

平成三年一二月も押し詰まった暮れ、鉄骨メーカー共和による汚職事件が発覚し、宮沢派の阿部文男・元北海道開発庁長官が、受託収賄容疑で逮捕される。また、加藤紘一・官房長官への共和からの闇献金をはじめ、鈴木善幸・元首相、塩崎潤・衆院議員など宮沢派の政治家が問題となった。

平成四年度総予算の審議と絡み、宮沢政権は大きな打撃を受けた。宮沢派の幹部が毎日のように私の委員部長室に来訪し、事態収拾のアイディアを出せ、と迫った。麻生太郎・衆院議員が鈴木元首相の娘婿で毎日のように顔を出した。私が出した収拾案は、一億円の金が流れたといわれている鈴木元首相を参考人とし、塩崎議員を証人として国会に招致する案で、野党も納得した。二〇〇〇万円を受領したと報道された塩崎議員は証人喚問の後、議員を辞職することになる。総予算は衆院では三月一三日に議決することで与野党が一致する。その見通しをつけて、私は二月二八日付で衆院事務局を辞職することになる。

ここで私が参院選挙に出馬することになった事情について、少しふれさせてもらいたい。衆院事務局に勤めるようになって三〇年が過ぎていた。政治家をはじめ官僚、マスコミ、そして事務局の先輩や同僚の好意で、どうにか勤めることができたものの、自分の限界はわかっていた。考えてみれば私の仕事は五五年体制の中で、政治の中で生きてきた。毎日が国会職員法違反と思われる生活であった。政治家や政党は勝手なもので、自分の都合で情報や智恵を求めて接触してきた。なかには、国家国民のためにという人たちもいた。そういうときは周囲の目を気にせず国家社会のためと、辞表を懐に生きてきた自負があった。

平成三年一月頃から、いくつかの筋から高知県知事選挙に出馬するよう要請があったが断わっていた。幹事長を辞めた直後、小沢氏がしつこく知事選に出馬するようにいうので、ある日、「選挙に出たがる人間には、馬鹿が多い」と言ったところ、「あんたは仕事はできるが、以前から政治家を馬鹿にするところがある。それは間違いだ」と、小沢氏とほとんど口論となった。私が「政治改革やＰＫＯ協力法案など難しい問題がある。私が事務局を辞めて成立できるのか」と啖呵を切ると、小沢氏が「それもそうだ。海部首相から政治改革特別委員長をやるように言われている。知事選のことはもう言わない。一緒に頑張ろう」と納得してもらった。

小沢氏が心臓病で入院し、政治改革が挫折、その際私が梶山国対委員長と衝突するなかで、宮沢政権は成立した。高知県知事選挙では自民党公認候補が大敗し、橋本龍太郎の弟・大二郎が改革知事として出現した。自民党公認候補の大敗は、県連会長の谷川寛三・科学技術庁長官の責任問題となる。

これに目をつけた竹下元首相が、翌年七月に予定されている参院選挙に私を保守系無所属として擁立することになった。経世会の勢力拡大がねらいで、高知地方区で谷川国務大臣の選挙区からの出馬であった。私はその気になれなかったが、小沢氏が「事務局では政治改革をやるには限度がある。ここは騙されたふりをして、国会議員にまずなることだ。それから日本国の改造をやろう」という。私はそれでも躊躇《ちゅうちょ》していた。

参院選挙に出馬を決意したのは、一月中旬の田村元・前衆院議長からの電話であった。「高知の政治は自分が仕切っている。谷川で調整ができているのに、竹下や小沢におだてられて出るなら、オレが谷川の選対責任者となって潰してやる」という趣旨の話であった。これが自民党の談合政治だ。負けてもよい。政治改革を訴えるだけでも意味がある、と決断ができた。そういうわけで二月二八日、緒方信一郎・衆院事務総長に辞表を出し、三月一日に高知市で出馬表明した。

選挙戦は、谷川科学技術庁長官が出馬を辞退し、その後始末をめぐって不満分子が、右翼を使って私の褒め殺しをするなどさんざんなことがあった。国政選挙で与党自民党と野党公明党が推薦するなど、初めから政界再編候補で、全国で最少得票数ながら当選することができた。この参院選挙で自民党は六八名を当選させ、与野党逆転はできなかったが復調した。社会党は前回の半分にも及ばない二四名で惨敗となった。細川護煕氏が結成した「日本新党」が比例区から四名を当選させ、新しい政治の流れをつくった。

竹下派＝経世会の解体

七月二七日当選が決まった翌日、小沢氏から「直ちに上京してくれ」と電話があり、上京すると「自分のところに社会党の若手から、社会党は自己改革ができないので、社会党を出て新しいグループをつくりたい、協力をしてほしいとの話がきている。それを踏まえて政界再編をスタートさせたい」とのこと。情報を集め、社会党から有志が離党できる準備を始めている最中、八月二〇日に、朝日新聞が金丸自民党副総裁が佐川急便から五億円の政治資金を受けていたことを報道した。経世会（竹下派）の大騒動が始まる。金丸氏は党副総裁を辞め、問題処理をめぐって経世会が分裂することになる。

小沢氏は「法律違反は政治団体の会計責任者だ。金丸さんの罪を問うなら裁判で争うべきだ」と主張した。梶山氏らは「金丸さんは政治資金として受け取った。手続き上のミスなので、地検に上申書を出せば軽い処分で済む」という意見であった。結局、梶山氏らの意見で対応し「略式起訴で罰金二〇万円」という処分となった。世論は「五億円の政治資金規正法違反を二〇万円の罰金で済ませるとは何事か」と怒った。

当時、経世会の紛糾をマスコミは「サル山のボス争い」と論じた。一〇月一四日金丸信は経世会会長とともに衆院議員も辞める。その後継者を誰にするかということで経世会は紛糾した。たしかに「サル山のボス争い」であったが、日本の政治構造を改革するためには、田中派から継続して十数年にわたって、日本政治を事実上支配していた竹下派＝経世会の解体が、政界再編の前提であった。

これまで「金竹小《こんちくしょう》」と呼ばれ、政局を引っぱってきたのは、良い意味でも悪い意味でも金丸信・竹下登・小沢一郎の三人で、血のつながりはないが、婚姻関係による親族同士であった。しかし、その政治的信頼関係も失われていく。実は、竹下政権発足をめぐって右翼団体「皇民党」との「褒め殺し問題」があった。

竹下首相の田中元首相への対応が人の道に反すると皇民党が批判し、世論からも厳しい指摘を受けていた。佐川急便問題はその収拾過程で発生したものであった。

金丸・竹下・小沢の三人は、衆参両院から証人喚問を受けることになる。経世会のゴタゴタが深刻になった平成四年一〇月一六日、小沢氏から「竹下さんは私の話を、耳に入れなくなった。平野さんは、私より古い付き合いだ。私の考えを説明してくれないか」との話がある。「小沢の代理というと先方の態度も複雑になるので、平野の意見を言ってきましょう」と伝えた。

事務所に戻り竹下さんに電話を入れようとしたところ、「国会証人問題で竹下本人が相談したいことがある」と秘書から電話があった。その日の午後一時から三時まで、キャピトル東急ホテルで二人だけで会うことになった。

竹下元首相とは、昭和四〇年（一九六五）からの付き合いで、当時竹下さんは第一次佐藤内閣の官房副長官で、私は園田直・衆院副議長秘書（事務局出向）であった。語り尽くせない関係だ。顔を合わせるなり、経世会のあり方が話題となった。私が、

「政権を去るとき〝政治改革大綱〟をつくり、国民に実現を約束しましたね。経世会をつくったとき、新しい政治をつくるのが目的だと結成前夜、私に熱く語ったことを憶えていますか。竹下という政治家は自己犠牲的に自民党を背負ってきたが、ここに至っては経世会を解散させ、政党再編の中心となることが、竹下登や金丸信が政治家を続けていける道ではないですか」

と、最近の政治状況を踏まえて意見を言うと、背広の内ポケットから『政治改革大綱』を取り出し、「わしにとっては一番大事なものだ。平野君の言うとおりだ。しかし、わしも金丸もいろんな柵《しがらみ》がある。中曽根の後継になる経過からいっても、自民党を壊すことはできない。そこで生きるしかないのだ。一郎には政治の汚れをさせていない。好きな道を歩めばよい。協力してやってくれ」と語り、あとは証人喚問された時の注意事項の話をして別れた。

一二月一八日、経世会は分裂し、羽田孜・小沢一郎グループは「改革フォーラム21」を結成する。羽田氏は経世会の小沢の先輩で、小沢の政治改革の理解者であった。衆院議員三五人、参院議員九人が参加、それまで無所属であった私も、自民党高知県連に入党手続きをして参加した。ところが、幹事長に昇格していた梶山氏が、私の入党手続きを放置した。衆院委員部長時代から小沢・羽田両氏に政治改革の協力をしていることで、梶山氏は私に反感を持っていた。参院自民党所属議員となったのは、翌五年の三月一日のことであった。

自民党の中に新たな政策集団ができたわけだが、「改革フォーラム21」は羽田孜代表、小沢一郎代表幹事でスタートする。小沢代表幹事の私に対する最初の指示は、「自民党を分裂させるつもりはない。国際的に通用する政党に改革することが第一目的だ。衆院の中選挙区制度が、自社馴れ合い政治の元だ。公明の市川書記長と民社の米沢書記長は、消費税導入とＰＫＯ協力法成立を通じて、事態を理解している。社会党の若手グループの中には、新しい政治をつくろうという意見があるが、党内的な動きにならない。社会党対策を考えてくれ」というものであった。

小沢VS社会党

政治改革を実現するためには、野党の協力が必要であった。社会党と提携するため情報を集めると、解消しておかなければならない問題点がわかった。それは小沢代表幹事との関係が険悪になっていた連合の山岸章会長との和解である。

小沢・山岸の二人が険悪な仲となった原因やその対策について、私は社会党事務局の伊藤氏を通じ、連合の足立寛道・政治局長を紹介してもらい、智恵を出してもらった。山岸会長が小沢代表幹事を不快に思っている原因は、参院選挙の直後、社会党から離れたがっていた若手と接触し、その人たちを通じて大手労組の委員長と、山岸会長の了解をとらずに会食を重ねていたことにあった。さらにかねてから小沢の憲法観が再軍備論の右寄りで危険だということである。いずれも誤解だ。

小沢の再軍備論や礼儀知らず。この誤解を解くことが大前提であり、山岸会長と小沢代表幹事の信頼関係をつくることが、社会党を政治改革に協力させる絶対条件であることに気がついた。大晦日の一二月三一日、社会党事務局の伊藤氏と連合の足立政治局長を、柏市の小料理屋に来てもらい、小沢・山岸和解作戦会議を開いた。これが平成四年の最後の仕事であった。

平成五年が明けた元旦、早朝、私は赤坂のキャピトル東急ホテルに向かった。民間政治臨調(政治改革推進協議会)の会長代行で政治評論家の内田健三氏に会うためだった。前夜の会合について説明し、「小沢さんが山岸さんに直接会って、頭を下げ釈明をする。憲法についてもきちんと説明する。その上で政治改革について協力をお願いするので、会談に応じるよう山岸さんを説得してほしい」

と頼み込んだ。

「よしわかった。私が山岸会長を説得する」と快諾してくれた。

こうして二月二〇日、ホテルニューオータニの「千羽鶴」で小沢・山岸会談が実現した。内田さんと私が同席し、小沢代表幹事が山岸連合会長に頭を下げ、これまでの誤解について釈明し、憲法観をきちんと説明し、二人のわだかまりは解消した。

「いまの自社馴れ合い政治を続けていたら、日本は駄目になります。自民党が改革できなければ、私が自民党を壊します。日本政治の再生に挑戦しますので、ご協力願います」

と身を乗り出して語る小沢代表幹事に対して、

「改革を妨害する社会党左派とは決別する。この盟約は明治維新でいうなら薩長連合だ」

と山岸会長も顔を上気させて応じた。

「国共合作にならないよう祈ります」

と私が、横から口を出すと全員が苦笑した。この会合で、非公式に改革フォーラム21と連合の政策勉強会を始めることになった。週一回、社会党の峰崎直樹・参院議員と私と、連合事務局政策担当者などが参加してスタートした。

政治改革については、野党側で法案をまとめるよう働きかけたが、悩みの種は選挙制度で社会党が歩み寄ってこないことであった。公明党、民社党とは合意の見通しができていたが、社会党の中には衆院の中選挙区制で、自民党の批判をしておけば一定の議席が獲れるという旧態依然の議員が多くいた。そんなとき、政治改革で社会党の背中を押し、自民党を立往生させる大事件が発覚した。

三月六日、金丸信・前自民党副総裁が一八億五〇〇〇万円の所得を隠した脱税容疑で逮捕されたのである。金丸前副総裁は、前年秋に佐川急便政治献金問題で議員辞職し、政界を引退していたので、誰も予想していなかった。私が衆院事務局を辞め、参院選挙に出馬する意志を固めた平成四年一月、法務省の幹部が送別会を催してくれたとき耳にしたことを思い出した。「経世会に直接所属することはやめた方がよい。金丸さんは問題となる」と法務省の友人からそれとなくアドバイスを受けていたのだ。

金丸逮捕が報道されるや、小沢代表幹事から呼び出しがあり、

「僕は金丸さんから目をかけられ、世話になったが、個人的な金銭関係はまったくない。金丸さんの個人のカネでご馳走になったこともない。平野さんは、私より古い付き合いで、昭和四〇年頃から世話になったようで感謝していた。海外旅行でも面倒をかけたようだ。念のため確認しておきたいが、金丸さんからカネをもらったりしたことがあるかどうか。金丸逮捕で何が出るかわからん。正直に話してくれ」

と私のことを心配してくれる。

「金丸さんとは、第一次佐藤内閣の議運理事の頃からの付き合いでした。金丸さんほど自分のカネを使わない政治家を見たことがありません。海外旅行だって、事務局から出せないカネは、政界の黒幕として有名な小針暦二の会社に持たせていました。そんな金丸さんから個人的にカネをもらったり、ご馳走になったことは、一度もありません」

「よし、いよいよ谷を渡り、釣り橋を落としたと同じだ。後戻りはできない。政治改革を断行

する時がきた」

小沢代表幹事は、私にこう断言した。

政治改革ができなきゃ地獄に落ちる

金丸逮捕は政界だけでなく、日本社会全体に衝撃を与えた。自民党は足元どころか、背中に火がつき、四月一日に宮沢首相が記者会見して、政治改革の断行を表明した。翌日には自民党両院議員総会まで開いて国民に公約した。

社会党は、政治改革のイニシアチブをとれば、次の総選挙で有利になると戦術を転換した。公明党の市川書記長の努力で、社会・公明両党案として「小選挙区比例代表併用制」を中心とする改革案をまとめた。自民党はこれに対抗して「単純小選挙区制案」をまとめ、珍しく国会論議が盛り上がった。

ここまでは想定していたことだが、与野党の対立は深まるだけであった。そこで、民間政治臨調の「小選挙区比例代表連用制」で調整することを試みたが、自民党梶山執行部は選挙制度の改革をやる気がなく、応じなかった。衆院の政治改革特別委員会の審議は暗礁に乗り上げた。改治改革が国民の関心を集めた五月下旬、小沢一郎は『日本改造計画』（講談社）を出版し、大ベストセラーとなる。

五月二五日、私は参院法務委員会で『政治改革大綱』をまとめた後藤田副総理から、「政治改革ができなきゃ地獄に落ちる」との答弁を引き出した。この問答が、当時の政治改革の状況を表すものなので、要旨を掲げる。

平野　自民党は平成元年五月にリクルート事件を機に、抜本的な政治改革を目指した政治改革大綱を作った。伊東正義先生（元外相）と後藤田先生の指導で作られ、これを実現すべく当時の小沢一郎・幹事長、羽田孜・選挙制度調査会長らの努力が続けられた。あれから四年たった。ところがどうでしょうか。国会は平成三年、海部俊樹内閣の時に政治改革関連三法案を廃案にした。今や風前の灯です。

後藤田　与党、野党問わず、また与党の議員、野党の議員、それぞれの立場は違っても、政治改革の問題は議会政治の活性化、そして国民の政治に対する信頼回復という立場に立って、この国会で結論を出し、成立させなければならない。国民に再び失望感を与えた、騙してしまったというようなことはないように、話し合ってほしい。

平野　昨年（平成四年）の参議院選挙の全国平均投票率は五〇・七％、国民の政治離れはもう極限に来ている。世論調査でも政党支持なし層が異常に増えている。仮に総選挙になり、投票率が五〇％を割るようなことになれば、わが国の議会制度は深刻な事態になる。法の権威も失われ、国家統治の基本原理も揺らぐことになる。

後藤田　私も同じような心配をしている。言葉はあまりよくないが、「政治改革ができなきゃ、また地獄に落ちるよ」ということだ。この意味は、国民がいよいよ政治に絶望感を持てば、大変な事態が起きる、また相も変わらず腐敗事件が起きるということだ。

平野　今なぜ政治改革が必要かということを述べさせていただく。平成の現在は昭和の初期に似ているといわれる。昭和の初めは、政党、政治家の不祥事が続発し、議会政治が国民の信頼を失った。不況、農村の困窮、国際情勢の緊迫。この時の議会は国民の不信を払拭して信頼を取り戻す努力を続けた。だが、議会改革は貴族院が潰してしまった。昭和一〇年に入り、議会は戦時体制に組み込まれ、政党政治は崩壊した。この時、政治改革ができていれば、わが国はあのような悲劇を回避できたかもしれない。平成の政治改革がこの国会でできなかったら、わが国は再びいつか来た道へ戻る可能性もある。いま手練手管で政治改革を引き延ばして潰そうとしているのは、功なり名を遂げた一部の指導的立場の政党人であり、私はこの人たちの歴史観・国家社会観を疑う。

後藤田　歴史は繰り返すというが、繰り返さないように、やはり改革はやらなければならない。いちばん心配しているのは、国会自身が自浄能力を失ったということになった時に、それなら俺が代わってやる、という動きが出てくることだ。そういう動きが出てこないように、お互いに自身の手で、ここは改革を断行する最後の時期と考えている。

平野　腐敗防止には法制度の整備だけでは限界がある。政権交代をする仕組みを作ることだと思う。自民党の政治改革大綱にも政権交代可能な政界再編成をも視野に入れるという言葉がある。冷戦が終わり、野党も変化し、政権交代可能な基盤が出来つつある。一方、政治腐敗を防止するためには、特別斡旋収賄罪、見なし斡旋収賄罪を設けては、というアイデアが出されている。これは刑法体系それ自身の問題になるから、司直に委ねるという発想は、国会の自浄能力を失わせるものと思う。

後藤田　英国のサッチャー首相が、来日して講演をした。その時、議会政治についていちばん大事なことは何か、と質問された。サッチャーさんは即座に「健全なる野党の存在が一つ。二番目は政権の交代があること。この二つが議会政治のいちばん大事なことだ」と言われた。さすがにイギリスという議会政治が発達した国で長らく政権を担当してきた人の言葉だな、と感銘を受けた。

平野　政治改革の論議には、冷戦の崩壊という世界史的な激動をどう捉えるかという問題が根本にある。これからの社会はイデオロギーをエネルギーにしない政治、政党の活動、本当のデモクラシー、法による政治が始まると思う。これにどう対応するかで、先進諸国の既成政党は解体現象を起こしている。難問は冷戦時代より増大している。危機管理、生活者の諸権利の擁護、財政の確立、経済大国としての義務といった問題に対処するには憲法の基本原理に沿って、国家意思を適切に、効率的に決めなければならない。安全や豊かさを維持するためにも、従来の利害調整型、国会対策型、全会一致型、裏取引型のぬるま湯議会政治を改革しなければならない。ここに政治改革の根本があり、歴史的意義がある。この政治改革でわれわれが死力を尽くせば、いま世界がいちばん求めている国の安全保障に共通の認識を持って、ソフトな二大政党による政権交代を可能にして、一党に過剰な議席を与える不条理のない、しかも小党に分立しない、政権を安定させる選挙制度は政治の自立と共生という理念を生かせるシステムを生む可能性があると思う。

宮沢政権、政治改革に倒れる

五月末、宮沢首相はテレビ朝日に出演し、田原総一朗キャスターの質問に答えて、この通常国会中に「改革を必ず成し遂げる」と、国民に向かって公約した。この発言で、政治改革は実現するという雰囲気が出来上がった。

ところが、六月に入って政治改革特別委員会の審議で、各党の質疑が終わる頃になると、悲観論が急速に広まった。六月一〇日、小沢代表幹事に呼ばれた。

「自民党の梶山幹事長と社会党の村山富市・国会対策委員長が極秘に会って、衆院選挙制度改革法案を継続審査にする、社会党は内閣不信任案を提出しないことで談合したらしい。自民党執行部は政治改革をやる気がない。事ここに至れば、宮沢総理、後藤田副総理の指導でやるしかない。

梶山執行部を通さず、桜内義雄衆院議長を説得して、一気にウルトラCで決着させよう。具体的制度は改めて定めることにして、政治改革の基本法案のようなものを準備してほしい」

と真剣な顔で話してくる。

六月一二、一三日の土、日だった。国会図書館に籠もり、成田憲彦・議会課長（後に細川首相秘書官、現駿河台大学学長）と相談して、作成したのが「政治改革の基本に関する法律案」の要綱である。要点は、自社五五年体制で談合政治の元凶であった中選挙区制の廃止、政党への公的助成の導入など、政治改革特別委員会で合意している事項を基本法として緊急立法し、具体的な事項は臨時国会で立法化する、というものであった。

六月一四日朝、小沢代表幹事に説明する予定で事務所を訪ねると、重大な情報が入っていた。経団連で開かれていた朝食会での梶山幹事長の発言である。

「政治改革は一〇〇メートル先の針の穴に糸を通すようなものだ。改革はやるが、参院選挙と同時選挙をやってからだ」

自民党は「政治改革をする」と国政選挙で三回も公約している。公約を平然と破ることは議会主義政党とはいえない。立党の精神や党規約に反する発言である。小沢代表幹事と対応の協議に入る。

「事ここに至れば、闘うしかない。まして公明・社民連で衆院の議席は五一ある。内閣不信任案が提出できる数だ。この二党を説得して腹を固めれば、社会党だって反対できないだろう。民社も乗る。自民党のわれわれ（改革フォーラム21）が賛成すれば可決できる。これは党規違反ではない。違反しているのは自民党執行部だ」

と結論が出る。これが、その後の日本政治を変える原点となる。

野党が宮沢内閣不信任案を提出することでまとまるのに二日間かかった。公明党の市川書記長の必死の努力があった。一六日、六野党会派の党首会談が開かれ、「宮沢内閣不信任決議案」の提出が決まった。翌一七日、自民党の「改革フォーラム21」として、衆院の内閣不信任案と参院の内閣問責決議案に賛成することで、羽田代表に一任した。

六月一八日、宮沢内閣不信任決議案が、衆院本会議に上程されることが決まった。前夜、めまぐるしい動きがある。羽田・梶山会談など、一八日には宮沢首相と羽田改革フォーラム21代表の会談が行われた。内閣不信任案に賛成しないようにとの要請であった。小沢代表幹事にも、いろいろな働きかけがあったようだ。正午すぎ相談があると呼ばれた。

宮沢首相や周辺と私が、前尾繁三郎・元衆院議長秘書時代の関係で親しいことを知っている小沢代表幹事は、最後の手を使おうと考えたのだ。

「桜内議長の斡旋で、政治改革基本法を成立させ、政治腐敗の原因となっている中選挙区制度の廃止を決め、政治改革に道筋をつける。そのため会期延長する。こういったことで、宮沢総理の意向を打診してくれないか」

さっそく、宮沢事務所の安藤仁・秘書を呼び出し、宮沢首相の意向を確かめたところ、「ご配慮に感謝するが、執行部が了承しないので、情況をみたい」との返事があった。宮沢首相が梶山幹事長に、がんじがらめになっていることが手にとるようにわかった。

一八日の午後六時三二分、見通しのつかない衆院本会議が開会された。宮沢内閣不信任決議案が上程され、賛成二五五、反対二二〇で可決された。自民党から三九人が賛成に回わった。「改革フォーラム21」の三五人は全員賛成した。他に一六人の自民党議員が欠席した。私は、参院議員傍聴席で、自民党単独政権が崩壊する歴史的瞬間を自分の眼で確認した。全身から込み上げる気持ちを抑えることができなかった。

宮沢政権の敗因は、梶山幹事長の判断ミスであった。羽田・小沢グループから内閣不信任案に賛成するのは、三〜四人とみていたことにある。梶山幹事長は国対委員長時代、社会党の村山国対委員長と親しく、自社五五年体制による馴れ合い政治を続けていた。社会党が内閣不信任案に賛成することも、想定外であった。

宮沢首相は、一八日午後八時三〇分、臨時閣議を開き、衆院を解散することを決定。午後一〇時三分、衆院は解散した。かくして、昭和三〇年（一九五五）から始まった「自社五五年体制」は終焉した。

第二章 非自民連立政権の樹立と崩壊

平成五年六月〜平成六年六月

小沢・羽田「新生党」の結成

六月一八日、深夜の衆院解散で自民党内は大騒ぎとなる。宮沢内閣不信任案に賛成した改革フォーラム21は、全国会議員が紀尾井町の党本部に集まり、対応を協議した。誰からも離党とか新党の意見は出なかった。自民党梶山執行部の厳しい処分への対応が中心であった。「党紀違反、国民との公約を故意に破ったのは執行部だ」ということが共通認識であった。

梶山執行部を党紀違反で、党紀委員会に提訴することになり、私が、提訴文案を作ることになる。議員総会が終わり、羽田代表と小沢代表幹事が残り、提訴文案の出来上がりを待っていたところ、重大な事態が発生する。国会図書館の成田政治議会課長からの電話で「武村正義・衆院議員ら一〇名が、自民党を離党して『新党さきがけ』を結成した」との情報である。

彼らは内閣不信任案に反対して、宮沢政権に協力したグループだ。半年前から新党をつくる準備をしていたとの情報である。羽田代表と小沢代表幹事に報告すると、頭をかかえてしまった。つまり、内閣不信任案に反対した武村議員たちが自民党を離党し、賛成した改革フォーラム21が自民党に留まるという事態になったのだ。

羽田代表が、

「オレたち二人だけでも離党するか。それと平野さんも付き合ってくれるか」

とつぶやく。

「仲間が怒りますよ。明日、全員に相談してみてはどうですか。みんな理解してくれますよ」

と羽田代表を説得し、翌朝、拡大常任幹事会をセットした。

「改革フォーラム21」の四四人全員が、一緒に自民党を離党することになる。小沢代表幹事がこれからの準備について、

「党名は羽田代表にお願いして、総選挙の候補者は僕が担当する。結党宣言と基本綱領の案の作業は平野さん、やってくれ」

と発言し、六月二三日に新生党が誕生した。わずか五日間の準備だったが、恐らくギネスブックものだ。私は、念のためリーダーとなる小沢・羽田両氏について、法務者幹部の友人に、疑惑問題がないか調査を依頼した。政治家として太鼓判を押すとの返事であった。もめたのは党名で、羽田代表が作曲家・三枝成彰さんのアドバイスで「人間党」を提案し、発想は良いが全員が反対したため、羽田代表を説得するのに苦労した。

新生党が羽田党首と小沢代表幹事というコンビで結成された翌日、記者クラブから「選挙には公約がいる。選挙公約がないのはおかしい」と注意された。あわてた私は改革フォーラム21の政策担当責任者で、新生党の政調会長となった愛知和男さんに連絡したところ、選挙区の仙台にいた。新幹線で東京に来てもらう三時間の間に、鉛筆書きでまとめた。もっとも改革フォーラム21の基本政策は、愛知さんと岡田克也さんと私が政策担当者として作成しており、それを選挙公約に整理したのだ。

愛知政調会長が党本部に到着して、そのままコピーを記者会見で配布して説明した。ところが翌日問題が発生した。小沢代表幹事が出演したテレビ番組で、落語家の桂文珍さんが、「鉛筆書きとは温かみのある選挙公約ですね。誤字がひとつありますよ。政治家個人への企業献金を前面禁止すると、なっていますよ。何か意味がありますか」

と冷やかす。「全」の字を「前」としていたのだ。小沢代表幹事は大あわてをしたが、当時のあわただしさがわかろう。

自民党が分裂するという戦後政治の大変化のなかで、衆院総選挙は七月一八日と決まった。新生党は非自民政権をつくることを公約し、野党各党との選挙協力を行うことになる。小沢代表幹事から、日本新党の細川護煕代表と会って、人物を見て選挙協力の話をしてくれとの要請があった。六月下旬、全日空ホテルの一室で会う。

初対面だったが、不思議な印象を受けた。「武士の顔」と「公家の顔」の二面性である。選挙協力に熱心で、非公式に公認リストまで渡してくれた。選挙資金の話も出て、経団連に相談に行く話まで出してきた。選挙協力については、その後、武村新党さきがけの横槍で不調となる。選挙資金については、小沢代表幹事から「政治改革の実現を看板につけている我々が、非公式とはいえ経団連に協力要請することは筋が通らない」ということで断念した。結局、新生党の選挙資金は羽田党首と小沢代表幹事が銀行からの借金で対応することになる。

非自民連立政権の下地づくり

六月二七日、新生・社会・公明・民社・社民連の五党首会議が開かれ、選挙協力の合意事項が出来る。全三項目で、

①抜本的政治改革を実現するため、総選挙で協力する。
②外交・防衛など国の基本政策は、これまでの政策を継承する。
③新しい政治を作るための連絡協議会を設置する。

となった。

日本新党と新党さきがけは、この党首会談に参加せず、後日検討するとのことであった。この合意事項は、ホテルニューオータニで昼食のカレーライスを食べながら協議したもので、武

村新党さきがけ代表が、

「カレーライスを食いながら一時間で決めた軽薄なもの」

と酷評した。とんでもない話で、これをまとめるのに四日間もかかり、さんざん苦労したものだ。この合意がなければ、非自民連立政権の樹立はできなかった。

新生党と社会党でもめたのは、第二項であった。

小沢代表幹事は「外交、防衛など国の基本施策はこれまでの政策を維持する」を譲るなと厳命する。久保副委員長は「それはのめない」と拒否する。

そうこうするうちに、社会党は役員会で「これまでの政策を尊重する」でいくことを決めてしまった。久保副委員長は「役員会で、これ以上譲るなら連立政権を作れないという連中がいるので、なんとか小沢さんを説得してくれ」と言い、小沢代表幹事は、『尊重する』では政権は運営できない。政権を取ることとは責任を持つことだ」と一歩も引かない。

懸命なやりとりの結果、「政策を継承する」と、表現を柔らかくして、小沢・久保の間で話がつく。これを久保副委員長は、社会党役員会に諮《はか》らないまま、五党首会談で合意することになる。

この合意が、細川非自民改革連立政権が樹立できた基盤であるが、同時に、久保副委員長が役員会に諮れないという社会党の体質が、その後の政局を混乱させる要因となる。

新生党の支持者から選挙公約に国民を躍動させる力がないという批判が出て、『グローバル・ニューディール政策』を、浜松市で羽田党首が外国特派員との記者会見で発表した。

①宮沢内閣の経済政策では、景気は回復しない。

②世界経済の構造が大変化しており、日本がそれに対応した経済政策が必要だ。

③日本の過疎地域を含め、太平洋地域の政府間の話がつくところで、災害対策、地域振興などインフラ整備を中心に、一〇年間で一〇〇〇兆円を日本が調達して日米協力で行う。

④そのため新しくできる政権は「かつての戦争への反省」を表明して、このプロジェクトが成功する環境を整備する。

などというものであった。

小沢代表幹事は「財源の目途がないが、羽田党首と相談しろ」、羽田党首は「宮沢内閣の大蔵大臣を半年前までやっていた自分としては、自分を批判することになる」と、消極的だったが、政策に強い熊谷弘・衆院議員と相談して発表した。なお、日本の過疎地対策として「特定郵便局を全国的に光ファイバーで繋ぎ、情報ネットワークを約二〇兆円規模で整備する」という構想もこのとき策定した。

ところが、発表の日、北海道の奥尻島で大地震が発生し、国内ニュースとしては小さな扱いとなった。もっとも東アジアでは大きく報道されその後、非自民連立政権が樹立された際、細川首相の「かつての戦争への反省」表明となる。

非自民連立政権の誕生

七月一八日の総選挙の結果は、自民党二二三人（追加公認で二二八人）、社会党七〇人（同七七人）、新生党五五人（同六〇人）、公明党五一人（同五二人）、日本新党三五人と新党さきがけ一三人（統一会派〝日本新党・さきがけ〟を結成し、社民連を含め五二人）、共産党一五人、民社党一五人（追加公認で一九人）、社民連四人（全員〝日本新党・さきがけ〟へ）、無所属三〇人（他会派に移り八人）となった。

自民党は単独過半数を得ることはできなかったが、第一党として善戦した。社会党の一人負けで、非自民連立政権を目指した関係者の多くは、自民党の単独少数政権か、どこかとの連立で政権を継続するものと予想していた。現に、武村新党さきがけ代表は、自民党との政策協議を画策していた。

小沢一郎・新生党代表幹事だけが、非自民連立政権樹立に自信を持っていた。総選挙投票日の翌日の七月一九日午前一〇時頃、電話がある。

「これならば、非自民の連立政権はできる。野党のリーダーにテレビなどで、自民党単独政権でもしかたないという発言をしないように伝えてほしい。特に山岸連合会長には強く言ってほしい。僕はこれから潜って、非自民連立政権工作をする」

早速、新生党の幹部や市川公明党書記長、米沢民社党書記長、連合の山岸会長らに伝えた。

同日午後五時すぎ、政治評論家・内田健三氏から呼び出しを受ける。内田氏は細川日本新党代表のブレーンで知られていた。ホテルニューオータニに行くと、国会図書館の成田課長がいた。小沢代表幹事の動きを承知していた。

「本当に非自民の政権が出来るのか。それにしても誰を総理にするつもりなのか」

「そのため説得工作をしているのだ。社会党も新生党も、日本新党も新党さきがけも、それぞれに事情がある。調整がつかないのなら年の順という方法もある」

と思いつきの乱暴な話をすると、内田氏が、

「悪いがあと一〇分ぐらいで帰ってほしい。実はここに武村代表が来るんだ」

とのこと。四人のリーダーの中で最年長の武村代表にこの話をして、自民党との連立協議にブレーキをかけるつもりだと察した私は、すぐ退室した。

同月二二日深夜、小沢代表幹事からホテルニューオータニに呼び出された。

「細川さんがやると決意してくれた。武村さんがやりたがったので話がこじれそうになったが、やっと納得してくれた」

ということで、新生党の羽田党首と社会党の山花貞夫・委員長をどう納得させるかが残った。

翌二三日早朝、小沢代表幹事は電話で羽田党首に説明した。

「議席数でいうと、社会党、新生党の順だが、惨敗した社会党から首相は出せない。新生党から出すのが筋だが、自民党を離党したグループから首相を出すとなると、非自民のイメージが薄くなる。国民を引きつけるためにも細川護煕という人物を起用すべきだ」

たいした智恵である。羽田党首も納得した。

新党さきがけと日本新党は、自民党との非公式な連立交渉を処理するため、二三日、自民党に「政治改革政権の提唱」を提案した。内容は中選挙区制を続けようとする自民党がのめるものではなかった。

残るは社会党への対応である。小沢代表幹事は、土井たか子元委員長を女性としては日本で初めての衆院議長にすることで、新しい政権の目玉にするアイディアを持っていた。二四日、日曜日であったが、夜遅く赤坂プリンスホテルに社会党の山花委員長、田辺前委員長、連合の山岸会長に集まってもらった。細川首相案への経過を説明して、了承してもらい、議長の人事の話をしようとしたところ、田辺氏と労働運動の同志であった山岸会長が、

「田辺君、議長をやってみてはどうか」

と本人に直接話してしまった。田辺前委員長は全身で受け入れる気持ちを表している。土井議長の話などするどころではなくなってしまった。

三人が帰った後、田辺議長では左派が了解しないこと。さらに金丸信氏と格別な親交があったので、マスコミの餌食となることなどを小沢代表幹事と話し合った。一週後の土曜日、私が前橋に出かけ田辺前委員長を非自民政権が安定するまでポストを諦めてほしいと説得すると、「そこまで自分のことを考えてくれるとは有難い、すべて小沢君にまかせる」と了解してくれた。そして、数日後、土井たか子衆院議長案が固まった。

七月二七日、「連立政権樹立に関する合意事項」と「八党会派覚え書」がまとまり、各党派代表がキャピトル東急ホテルで署名した。非自民の連立政権が事実上決まった。

まったく議会政治を体験したことのない日本新党新人議員のぞんざいな態度も問題であったが、社会党の派閥争いにも苦労をさせられた。政策協議に出ている左派の議員が、山花委員長に正確な報告をしないのだ。夜中になって私の宿舎に山花委員長から電話があり、連夜の議論となった。卒直に言って、社会党内の対立がこのままでは、この連立政権は一年続くかどうか疑問に思った。

細川連立政権の最大の課題

平成五年（一九九三）八月五日に召集された特別国会で、細川護熙首相が誕生し、社会・公明・新生・日本新党・民社・新党さきがけ・社民連・民主改革連合の八党会派による非自民党連立政権が樹立した。組閣に時間がかかり、細川内閣が発足したのは、八月九日であった。

政治改革は、内閣総理大臣に就任した直後の細川首相の記者会見で始まった。

「年内に政治改革関連法案が成立しなければ、政治責任をとる」

小沢代表幹事は「これでこそ総理にした甲斐があった」と高く評価したが、山岸会長と私は「気負いすぎる。裏で動く人間の苦労を知らん殿さんだ」と批判して、小沢代表幹事と口論となった。

細川連立政権の最大の課題は、政治改革関連法案の成立である。その内容は、衆院の選挙制度を中選挙区制から小選挙区比例代表並立制に改革すること。政党への公的助成制度を新設すること。政治資金制度の透明化、選挙違反の取締りの強化などであった。

細川首相がその首を賭けて挑んだ政治改革の第一歩であったが、最初から政権崩壊を予感させる火種がくすぶっていた。

その火種とは、新党さきがけの代表で内閣官房長官であった武村正義であった。細川首相が総辞職直後、私に、

「武村さんは、私が総理になると同時に倒閣運動を始めていたんですよ」

と口惜しそうに語ったことを記憶している。

まず、小選挙区比例代表並立制の政府原案をつくるときに揉めた。小選挙区と比例区の定数である。新生党は三〇〇対二〇〇を提示し、社会党と新党さきがけは二五〇対二五〇を主張した。政権交代の仕組みをつくる点からいえば新生党の主張が正論であった。小沢代表幹事の指示で、山岸連合会長に社会党の説得をするよう働きかけていた。その矢先に武村官房長官が、自分たちの案を政府案として決定したように既成事実化して、マスコミにリークした。このことから小沢―武村関係がギスギスし始める。

与党内のゴタゴタは、政党への公的助成制度でも表面化した。当初、政府首脳会議で国民一人当り五〇〇〇円の負担ということで決定していた。これがマスコミで評判が悪く、官邸筋から小沢新生党代表幹事の強い意向だという情報を流した。「一度決めたことを変更するのは、政権の権威に関わる」という小沢代表幹事の意見が誤解されたのだ。

細川首相から「小沢さんが韓国の済州島で夏休みをとっているので、平野さんはそこへ行って減額を説得してほしい」と依頼された私は、

「その必要はありません。帰国して総理から世論の実情を説明すれば、納得しますよ」と伝えた。

このころ、マスコミが細川政権を批判するときは、必ず小沢代表幹事を悪者にするというパターンが定着していた。とにかく連立政権とは難しいものだとつくづく体感した。

政治改革関連法案の成立に向けて

政治改革関連法案の審議は、衆院で一〇月一三日から始まった。政府は、小選挙区比例代表並立制を導入するための公職選挙法改正案、選挙区画定審議会設置法案、政治活動への寄附制限を強化するなど政治資金規正法改正案、政党助成金法案の四法案を提出した。これに対して自民党は対案として五法案を提出した。

衆院での審議は難航したが、金丸逮捕をきっかけに四月、五月と政治改革について十分な議論を行っていたので、一一月一八日には決着した。政府案の修正も行われたが、基本を変更するものではなかった。

一方、参院での審議は難航に難航を続けた。政治改革についてこれまで参院では、ほとんど議論をしていないことも原因のひとつであった。理由は衆院の中選挙区制の改革が狙いであり、参院で関心が低かったためだ。本会議での趣旨説明と質疑が一一月二六日に行われ、政治改革特別委員会での審議が始まったのが二一日目、という自民党の抵抗ぶりであった。細川首相が心配して、国会運営で専門的知識と体験をもつ私を特別委員会の理事に抜擢して、自民党との駆け引きの場に出ることになる。

一二月に入ると、細川連立政権内で抗争が始まる。武村官房長官が「景気対策が大事なので、政治改革より平成六年度予算編成を優先させるべきだ」と主張したのである。小沢代表幹事が「年内に政治改革を実現できなければ政治責任をとると、総理は公約している。景気対策は大型補正予算でやればよい」と主張し、細川首相は第二次補正予算で総合経済対策に着手することを選んだ。

ところが、参院自民党の村上正邦・国対委員長が臨時国会最終日に、難題を突き付けて、政治改革の阻止に挑戦してきた。

一二月一五日が会期最終日で、参院で補正予算を成立させるぎりぎりの日であった。さらに、政治改革のため大幅な会期延長も、絶対に必要であった。村上国対委員長は、これまで付き合いのあった学者や官僚を集め政治改革関連法案を潰す戦略を練った。それは、「参院予算委員会に閣僚を釘付けにして、衆院の閣僚が会期延長の衆院本会議の議事に出席できないようにすれば、議員数で会期延長を否決できる」というものであった。

内閣法制局が、この村上作戦を理論として容認して、細川政権は大騒ぎとなった。理屈は、「憲法第六三条には閣僚の国会出席義務を明文で規定している。出席要求があれば、会期延長の本会議出席より優先する」というものだ。内閣法制局長官に確認して、困り果てた細川首相

は、秘書官を私の元に飛ばしてきた。首相秘書官は私のところに飛んできて、

「総理に『平野さんと相談して何んとかしろ』と言われました」

私は直ちに院内の内閣総理大臣室に、内閣法制局の担当部長を呼びつけ、憲法解釈の根拠を質《ただ》したところ、

「憲法に明記されていることが優先します」

と平然と答える。

「国会の会期とは国会が有効に活動できる期間のことだ。つまり、国会が憲法上活動できる根元なのだ。それを延長する議事こそ国会議員が参加しなければならない最優先行為だ。憲法に明記していること以上に大事な原理が議会政治にはある。

文字だけにこだわった憲法解釈なんか許さん。そもそも内閣法制局に国会の行為を解釈する権限なんかない」

と、私は怒鳴ってしまった。

「わかりました。村上国対委員長に説明し直します」と相手は引き下がってくれた。

国会の活動の大事さを理解している村上国対委員長は納得して、参院は予算委員会を休憩、その間に衆院本会議を開き、翌六年一月二九日まで四五日間の会期延長が決定した。

このように参院の与党会派が全員でさんざん苦労をしているにもかかわらず、なんと細川首

相は、慣例になっている補正予算成立の後の参院与党への「ご苦労様でした」という挨拶回りをしなかった。私が官邸に抗議したところ、その夜の政府与党首脳会議で、細川首相は、

「小沢さん、平野さんはどうして私に厳しいのですか」

とたずねたとのことだった。

「平野さんの先祖は、応仁の乱で細川さんの先祖に京都から土佐の幡多郡に追い出されたという話ですよ。怒らせると誰も止められん落人の子孫です」

小沢代表幹事がオーバーに話すと、

「私の先祖は、管領細川家とは違いますので、誤解のないよう説明しておいて下さい」

と頼んだため、出席者一同大笑いしたという話が残っている。

両院協議会と細川潰しの動き

政治改革関連法案が参院に送付されて六〇日間が近づき、憲法第五九条による衆院での再議決が問題となった。憲法解釈で議論があるところで、通説は両院協議会が始まれば六〇日過ぎても再議決できないというものだ。

細川首相、小沢代表幹事、そして私が相談して、「両院協議会を開いても再議決できる」という、通説を退ける憲法解釈を提起した上で、仮に政治改革で与野党合意できない場合、衆院

で再議決の議事を行う、衆院では与党は三分の二以上の賛成が得られず、否決されるので衆院を解散する、という方針を固めた。年明け早々の一月五日、私は政治改革特別委員会で、細川首相と中島参院法制局長に、憲法解釈変更の議論を行い、自民党が協力しない場合には、衆院は解散となる流れをつくった。

参院政治改革特別委員会は、一月二〇日自民党の星野朋市・委員が造反して、賛成多数で可欠したが、翌二一日の本会議では与党の社会党から一七人の反対票が出て、一二票差で否決となった。反対したのは左派グループで、この時点で細川改革政権を潰す工作が、自民・社会で始まっていたのだ。

この時期の混乱は、細川連立政権にとって死活問題であった。翌二二日土曜日、小沢代表幹事に呼ばれ、「細川首相の腹を聞いてほしい」と頼まれた。人目を避けて首相官邸にかけつけ、ずばり細川首相の心境を質した。

「すべてを小沢さんに任せます。政治改革を実現させるため、首相を辞めてもよい」

細川首相は武士の顔で、胸中を語ってくれた。直ちに、小沢代表幹事に報告すると小沢は、

「その覚悟があるなら、政治改革は必ず実現できる」

と断言し、これからの方策を相談した。

まず、細川首相が解散の腹を固める。否決された政治改革関連法案は衆院に返付されている

ので、両院協議会で合意するか、再議決の議事を選ぶかを自民党に選択させる。再議決で否決なら衆院を解散する。政治改革をテーマとすれば、改革派の与党は総選挙で勝利する。この戦略が失敗した場合、細川内閣は総辞職して、自民党の改革派と連携し、後藤田内閣か、海部内閣をつくり、政治改革を実現するという戦略をつくった。

自民党は両院協議会に応じ、政治改革に協力せざるを得なくなった。両院協議会は激論となり、最後には細川首相と河野洋平自民党総裁による党首会談が開かれた。その結果、自民党の要求をほとんどのむことで結着した。衆院議員の総定数を五〇〇人とし、小選挙区の定員を三〇〇人、比例区の定員を二〇〇人とするなど大幅な修正が行われ、平成六年一月二九日に成立した。

当時、国民の大多数は細川政権の政治改革を評価し、細川首相は就任の記者会見での公約を実現した。しかし、世の中には「好事魔多し」という言葉があるように、政治改革が実現して、ほっとしている二月三日の深夜、細川首相は突然に「七％の国民福祉税構想」を、記者会見で発表した。私は騒動の後仕末を手伝ったが、発表に至る経過には参画していない。一言で言えば、政治改革で国民の支持を得た勢いで、懸案の消費税を福祉目的税化しようとした、細川政権中枢部の政治判断のミスであった。

「国民福祉税構想」は失敗であったが、政治改革で大騒ぎをしている最中、細川内閣が解決した懸案問題がある。「コメ」をめぐるウルグアイ・ラウンド合意を決めたことだ。農産物の自由化は日本のムラ社会の構造改革の重大問題であった。与党では社会党内が対立し、久保書記長が連立与党首脳会議で袋叩きに遭い、一時、連立離脱の話も出た。細川政権では、党内対立の多い社会党が政策決定の足を引っぱっていた。右派の久保書記長は、党内の円満な運営に配慮して政権内では苦労し、公明党の市川書記長からいつも理屈で攻められていた。コメの部分開放は平成五年（一九九三）一二月一四日に閣議決定する。私は久保書記長からときどき呼ばれ、愚痴を聞き、精神安定剤の役割をした。

緊急課題としての不況対策は、平成六年（一九九四）二月、一三兆円の第三次補正予算を成立させ、史上最大の六兆円所得税減税を実現した。

細川改革連立政権の挫折

平成六年一月三一日に、第一二九回通常国会が召集された。細川首相は政治改革に一歩踏み出した勢いを受けて、「経済構造改革」に着手すると声明した。これを評価した自民党の実力者・渡辺美智雄が「細川政権に協力したい」と、細川首相に伝えてきた。山崎拓氏が使者であった。渡辺氏は自民党内では、規制緩和など積極的な経済改革論者で、自民党の中では主流派ではなかった。細川首相は、渡辺派との提携を小沢代表幹事に一任することになる。

細川首相は、国会審議が本格化する合間をみて訪米し、クリントン大統領と会談することになる。政治改革の成功、非公式ではあるが自民党内部の有力派閥から協力の申し出もあり、意気揚揚の訪米であった。この時期、北朝鮮の核疑惑で東アジアが緊迫していた。日米首脳会談は厳しいもので、クリントン大統領周辺から、「日本の政権の中枢に北朝鮮のエージェントがいる」と指摘される。日本の政界には与野党の中に北朝鮮と関係の深い政治家がいた。戦前の歴史もさることながら、パチンコ業界などから支援をうけていた。また関西地区には在日朝鮮人の在住者も多く、北朝鮮との関係にはきわめて複雑な問題があった。

米国側から疑われた人物は、かねてより北朝鮮側との交流が滋賀県知事時代から深い武村官房長官だと想定された。細川首相は、北朝鮮をめぐる米国政府の懸念を拭うことを、クリントン大統領に約束した。そのため帰国後、しかるべき時期に内閣改造を行うことを決意する。ところが、細川首相が帰国するや、細川首相個人の金銭問題、女性問題などが、週刊誌レベルで報道されるようになった。国会でも北朝鮮友好グループからスキャンダル攻撃を受けるようになった。三月に入り、経済構造改革の実現という名目で、内閣改造の必要性が議論されるようになる。米国側の北朝鮮懸念を解消するねらいもあった。

この内閣改造の目的は、連立政権をスムーズに運営するねらいもあった。その場合、政府与党首脳会議で熱心に議論し、論理的に他の首脳を攻撃する市川公明党書記長の入閣も懸案の一つであった。小沢代表幹事は全体の雰囲気を読み、私に、「市川入閣」について本人の意向を打診してくるよう指示を出す。

市川書記長と二人だけで、衆院第一議員会館会議室で会い、状況を説明すると、

「もう少し政府与党首脳会議で改革の方向を固めたい。特定の人物をねらった改造には反対だ」

と固辞した。ただし、

「経済改革を実現するため、大幅改造というなら、入閣してもよい」

と柔軟な姿勢を示した。

細川首相と小沢代表幹事が相談して、「経済改革に備えた大幅な内閣改造」を行うことになり、発表となった。

とたんに、更迭のターゲットになった武村官房長官（新党さきがけ代表）と、社会党の村山富市委員長、民社党の大内啓伍・委員長が、こぞって猛烈に反対した。この時期、細川政権を倒し、「自社さ民」政権をつくる工作が自民党で進んでいた。細川首相は三人の反対論を説得できず、改造をあきらめることになる。

この細川首相の豹変ぶりに怒ったのが、新生党の羽田党首・外務大臣と小沢代表幹事であった。

「内閣の人事権は首相にある。首相が内閣改造を行うと発表して、反対があるからとすぐあきらめるとは何事だ」

と、改造が決まるまで首脳会議に出席しないと言い出した。細川首相が困って、私に「羽田さんと小沢さんを説得してほしい」と、難題をもってきた。

「公家の発想では総理は務まりませんよ。武士の魂でなくては。天下に内閣改造をやると公言した以上、反対があっても一人だけでも改造しないと、総理の指導力という権力の根源が揺らぎますよ」

と念を押した上で、智恵を絞ったアイディアを説明した。

「米国との信頼関係もあるので、武村官房長官だけを更迭してはどうか。名目は、これから経済改革というとき官僚を抑える人物がいる。武村さんの自治官僚の先輩で、中曽根内閣以来、事務の官房副長官として苦労してきた石原信雄さんの花道といって、武村さんを総理が口説けば、断われないだろう」

「それはいい案だ」と細川首相は喜び、羽田新生党首と小沢代表幹事も了承し、政府与党首脳会議に持ち込むことになる。ところが、細川首相が事前に武村官房長官に相談したところ、了承せず石原官房長官案は潰されてしまった。

頭にきた私は、小沢代表幹事に、

「武村さんが納得しないなら、罷免すべきだ。これ以上、細川政権の使い走りをするつもりはない」

と伝えたところ、

「理屈はそうなるが、改革政権の危機だ。あまり過激にならずに協力してくれ」

と諭された。

細川首相への自民党守旧派からの攻撃は、日増しに厳しくなり、佐川急便からの政治資金疑惑が問題となった。細川首相は借金一億円の領収書を提示したが、偽造だと反論される。それが予算審議が進まない原因となる。

「検察に押収されている佐川急便の帳簿に、返金した記録があるはずだ。法務省の幹部にその資料を国会に提出するよう要請してくれ」と、細川首相はまた難題をもってくる。友人の法務省幹部に頼むと「検討してみる」とのことで、その返事は、

「確かに佐川急便の帳簿に、返金した記録がある。それを出すわけにはいかないことは法律を知っている人ならわかるだろう。

参考のため申し上げておくが、その帳簿には細川首相だけでなく、与野党の大物が資金を借りていて、返金していない人たちが、相当数いる。公表すると大混乱となる」

というものだった。この情報を自民党側にも伝え、細川首相への追及をやめるよう要請して

佐川急便問題は収まった。しかし、自民党の亀井静香・衆院議員の追及は異常で、別件もあり、それに耐えることができず、首相の座を辞することになる。

私の知るところでは、細川首相の政治資金団体の職員が、サラ金に資金を個人の判断で貸していたことを、亀井氏が予算委員会で質問すると通告してきた。それで細川首相が政治に嫌気がさしたといわれている。

後日、亀井氏の話によると、

「細川首相の首取りにこだわったのは、兄の亀井郁夫が広島県知事選に出馬することで、一度は連立与党の統一候補とすると細川さんが約束して、間際になって反古《ほご》にしたからだ」

とのことだが、それにしても私恨ではないか。問題は細川首相の精神力が耐えられなかったことによる。

四月に入って、細川首相は辞意を固める際、小沢代表幹事に要請したのは、適切な後継者をつくること、連立政権を継続させるため、与党各派間の基本政策をつくり直すこと、さらに国会運営をやりやすくするため、大会派を結成することであった。その上で細川首相は衆院議員まで辞職しようという仕末であった。総辞職前夜の四月七日深夜、私は官邸に乗り込み、

「国会議員まで辞めると、政治改革を自己否定することになる。歴史ある近衛家や細川家のご先祖の御霊さえも、さぞかし嘆かれるでしょう」

と留めを刺し、議員辞職を諦めてもらった。

ポスト細川の行方

ポスト細川で先行したのは、基本政策についての協議であった。新生党・公明党・民社党・日本新党の四会派間での合意は問題なかった。社会党との交渉がきわめて難航した。内政問題では意見の対立は少なかったが、外交・安全保障問題での合意は激論が交わされた。緊迫した北朝鮮の核疑惑をめぐって、小沢新生党代表幹事と久保社会党書記長との息詰る論争、市川公明党書記長の適切なアドバイス、そして高木郁郎・日本女子大教授と私でまとめたのが、次の朝鮮半島問題の合意事項であった。一五年経た今日、朝鮮半島問題は大きく変わったように見えるが、その本質は変わっていない。この合意は、その後社会党の連立政権離脱で、幻となるが、現在でも必要な認識である。

朝鮮半島問題

朝鮮民主主義人民共和国の核開発問題を含む朝鮮半島の情勢は、アジア及びわが国の安全保障にとって極めて重大である。核兵器の拡散を防止することは国際的公共価値であり、朝鮮半島における核兵器開発阻止と非核地帯の創設のために国際社会の協調が必要である。

この立場に立ち、かつ、朝鮮民主主義人民共和国が国際的に孤立しないよう、米国、中国及び韓国など近隣諸国と協同して、粘り強く協議を行うことにより問題を解決することを重視する。

いずれにせよ、わが国は、国連の方針が決定された場合には、これに従うものとする。また、政府は、日本国憲法のもとで緊急の事態に備えるとともに、日・米及び日・韓の各国間で緊密に連携し、協調して対応する。

アジアにおける関係各国と必要に応じ連携するものとする。

細川改革連立政権が総辞職して、ポスト細川に国民の目は集中した。その候補選任を一任された小沢新生党代表幹事が目をつけたのは、経済改革で協力を申し出ていた自民党実力者で、渡辺派の渡辺美智雄会長であった。小沢構想は、渡辺連立政権で自民党を分断して、安定した改革政権を樹立した後、羽田新生党党首で本格政権をつくろうという戦略であった。

公明党・民社党・日本新党の三党は、小沢構想を理解したが、問題は社会党であった。その説得は支援団体、連合山岸会長からという運びにはならなかった。この頃、山岸会長は小沢—市川ラインに批判的で、武村官房長官と親密になっていた。そこで全逓信労働組合の伊藤基隆・委員長を説得することになった。「渡辺氏で政権をつくるのには反対です。それは無謀というものです。郵政事業の整理合理化を進めることを断言している」

渡辺さんはそこまで言っていないと、小沢代表幹事と私は説得したが不調であった。渡辺さんの態度を固めて、改めて説得することになる。その渡辺さんが、悩みに悩んだ。

渡辺さんは個人として積極的であった。小沢代表幹事が出した条件は「非自民の連立政権だから、自民党を離党する」という、当然のもの。渡辺さんはいったん決意したが、渡辺派の多数は、首相となることには理解を示したが、自民党を離党することに反対した。今日の自民党政治家にもいえることだが、政策や国のあり方よりも自民党自体を大事に考える者がなんと多いことか。議会民主政治の根本を理解していない。

小沢代表幹事としては、渡辺美智雄・会長一人でも自民党を離党する決意をすれば、渡辺派の大勢も従うと考え、その返事を四月一七日午後一時とした。理由は、羽田外務大臣・新生党党首が、モロッコで行われたウルグアイ・ラウンド調印式から帰国するのが、同日の昼前であったからだ。

羽田新生党党首は、帰国までに細川首相の後継を固めるよう、小沢代表幹事に一任していた。渡辺美智雄からは約束の時間までに返事がなかった。その理由について、山岡賢次・衆院議員の情報によれば、「前向きの返事をするつもりの渡辺さんが睡眠薬を飲みすぎて眠ってしまったことにある」ということだが、真相はわからない。

羽田改革連立政権の成立

細川首相の後継は、結局、羽田孜・新生党党首に固まる。かくして、四月二二日に社会党・新生党・公明党・日本新党・民社党・改革の会・民主改革連合の七党派による『新たな連合政権樹立のための確認事項』が、合意された。二五日には首班指名が行われ、七党派による非自民羽田連立政権が成立した。新党さきがけは、この連立政権に参加しなかった。

ポスト細川をめぐって、非自民側が激動しているとき、自民党側では亀井静香・議員を中心に、自民・社会・新党さきがけ・民社党の四党による連立政権を工作していた。これは亀井氏が、村上正邦・平野貞夫・筆坂秀世の鼎談《ていだん》『自民党はなぜ潰れないのか』（幻冬舎新書）で、明らかにしたものだ。

亀井氏によれば、渡辺美智雄が確実に自民党を離党するという前提で、社会党の野坂浩賢、山下八洲夫・衆院議員らと、「リベラル政権樹立」のため、政策協定案も準備していたという。四党首会談を開くことも決めていたとのこと。

不調となったのは、河野洋平・自民党総裁が、儀礼的に渡辺氏に離党しないよう慰留し、悩んでいた渡辺氏がそれに乗って離党を諦めたことにあるようだ。亀井氏によると、この動きがあったので羽田連立政権が総辞職した際、村山自社さ連立政権をつくりやすかったとのこと。自民・社会・新党さきがけの三党が、細川連立政権を倒すことで、有志たちがさまざまな工作をしていたことはわかっていたが、民社党の大内委員長がこの動きに関わっていたことは亀井氏の情報で初めて知った。

四月二五日、七党派による羽田連立政権が成立し、羽田新首相が認証式や挨拶まわりをしているうちに、政権の基盤を崩壊させる大事件が発生する。

国会での首班指名も無事終わり、ぎりぎりではあるが、衆参で過半数を得て、どうにか非自民改革政権を維持できる見通しがつき、ほっとしているとき、小沢代表幹事から電話が入った。細川首相が言い残した統一会派結成の話である。

「民社党の大内啓伍・委員長から連絡があった。村山社会党委員長が、社会党と公明党を除いた統一会派の結成を了承したということだ。公明党も間を置いて統一会派に参加する意向なので、今日の組閣前に手続きをしたい。ついては各会派からの手続きがうまくいくよう関係者を指導してほしい」

直ちに準備を始め、午後六時に新生党・日本新党・民社党・改革の会・民主改革連合の五会派あわせて一三〇人の統一会派「改新」を、土井衆院議長に届け出た。

ところが、この手続中に社会党から「統一会派の結成など了承していない」と、抗議が私に向かってくる。理屈からいえば、社会党が参加しない統一会派だから、筋違いの話だ。しかし、政策協議のとき久保書記長から「統一会派は、党内を説得するから次国会からにしてほしい」と、要請されていた経緯があった。大内委員長を通じて村山委員長から了承の返事があったので、手続を途中で止めることはできなかった。

羽田内閣の組閣のため連立与党首脳会議が午後七時から開かれ、村山委員長が冒頭、

「社会党では党内で統一会派の結成は、信義に反するとの意見が出ている。ちょっと帰ってくるわ」

といい残して席を立ち、その後、首脳会議に戻らない事態になった。社会党はその夜、羽田連立政権からの離脱を決めた。自社さ政権を画策していた守旧派にとっては、絶好のチャンスとなった。

「改進」事件の火付け役であった民社党の大内委員長は、翌日、責任をとって委員長を辞め、後継に米沢書記長が就いた。その大内氏が大変な置土産を残す。記者団との懇談で、

「統一会派結成の黒幕は小沢一郎で、実行犯は平野貞夫だ」

と話した。おかげで小沢代表幹事と私は、国会内外で信用を失い、回復させるのに苦労した。この「改進」事件の真相はわからない。しかし、亀井氏の前述の証言から推測すると、自社さ四党の連立政権構想には、大内民社党委員長が参画しており、非自民連立潰しの謀略が

あったといえる。

四月二八日、ようやく羽田連立内閣が発足することになる。衆院で与党二〇五人に対して野党三〇四人、参院は与党六四人に対して野党一八八人。国会史上もっとも与党の少ない政権となった。平成六年度総予算は社会党も編成に関わったことで成立に協力することになり、羽田政権の命運は総予算の成立までとなった。この間に、自民党と社会党の中にいる改革派と、いかに提携するかが、羽田政権にとっての課題となった。

解散か総辞職か

羽田内閣をゆるがした最初の出来事は、永野茂門・法務大臣の南京事件発言であった。毎日新聞の記事で問題となり、組閣直後であったが、更迭した。私はその時期のゴールデン・ウイーク中、訪米していた。目的は外務省の非公式な要請で、「日本の政治改革と今後の展開」を、ワシントンのナショナル・プレスクラブなどで講演することであった。

羽田連立政権の見通しについて、

「五月、六月、北朝鮮核疑惑問題や税制改革などで、自民党の改革派や社会党の現実路線派に呼びかけて、多数派工作を行い、政策で一致する勢力を結集して、七月のサミット前には安定政権として、国際社会の中で十分な活躍ができる」

と述べたが、全部はずれた。最大の原因は、カーター元米大統領の訪朝で、北朝鮮の核疑惑問題による東アジアの緊張が一挙に解《ほぐ》れ、それによって自社さ連立政権ができたことによる。

また、講演で日本の政治の特色は、古代から負者の「怨念」を勝者が「鎮魂」することにある、と述べたことが帰国後問題となり、衆院予算委員会で自民党の野中広務議員から、

「党を分裂させ、自分で怨念を作りながら、鎮魂とは何事か」

と集中攻撃を受けた。

六月二三日に平成六年度総予算が成立し、野党は予想どおり羽田内閣不信任決議案を提出してきた。翌二四日の午前、羽田首相から電話があった。

「解散したいが、政治改革潰しと言われないだろうか」

「政治改革の骨組みはできています。残りは小選挙区の区割りという具体的作業です。後戻りはできません。自民党守旧派のあがきを潰すためには解散しかありません」

と進言する。

夕刻になって小沢代表幹事から、

「新生党の各県連は解散総選挙のため、至急候補者を決め、総選挙態勢に入れ」

との指示が出され、羽田首相の腹が決まったと誰もが感じた。

ところが、解散か総辞職か、政府与党首脳会議が徹夜で開かれ、朝方になって総辞職するこ

とが決まった。理由は謎である。羽田首相の意向を変えた原因について、いろいろな見方があった。

解散を避けたい日本新党が反対した。社会党から総辞職すれば連立政権に参加するとのサインがあった。景気問題を理由に経済界から要望があった。中曽根元首相から総辞職で対応すれば、次の改革政権には協力するとの話があった、等々……。

ポスト羽田をめぐり政局は緊迫した。ポイントは社会党で、自民・さきがけと提携をしようとする左派と、改革連立政権に復帰したい右派の争いであった。羽田政権が総辞職した時点で、「自社さ三党密約」は固まっていた。右派の復帰派はそれを知らず、羽田連立政権グループと政権協議を行っていたのだ。

その協議のメンバーに、自社さ連立の主役、野坂浩賢・国対委員長がいたのだから、何をかいわんやである。右派の久保書記長や山花前委員長が、ポスト羽田に羽田氏を推すという、議会政治の筋を外した協議をやっている裏で、自社さ連立政権をつくる話が進んでいた。

改革連立政権をどのようにして続けるか。海部元首相を擁立したいという話は、自民党海部グループの高志会から、六月二六日頃出された。一方、二八日に自民党の若手を中心に橋本龍太郎元幹事長を擁立したいとの話も、持ち込まれていた。自民党の中にも、思想信条政策を長年にわたり対立させてきた社会党と連立政権を組む動きに、反発する勢力もあった。

海部元首相を説得する動きに一本化されたが、二九日の午前零時すぎ、野田毅・改革議連会長から、「海部さんを説得できなかった」と、擁立を諦めたとの電話が、私に入り、小沢代表幹事に報告し、海部元首相の出馬はないと判断した。

ところが、二九日の朝が明け、改革議連の津島雄二・衆院議員が、海部元首相を再び説得し始めたとの情報が入った。小沢代表幹事の指示で、津島氏と私が正午すぎにホテルニューオータニで会ったところ、津島氏から、

「断念した海部擁立をもう一度チャレンジしている。成功すれば小沢さんにも対応するよう説得してくれ」

かくして、同日午後二時半、津島氏から、

「海部さんの説得に成功した」

との電話が入った。その後、西岡武夫・衆院議員が自民党改革議連海部会長の代理人として、与党代表者会議に出席し、政策協定に合意し、海部元首相が自民党を離党し、改革連立政権として首班指名に出馬する記者会見を行ったのが、午後六時すぎであった。

首班指名の衆院の本会議が開かれたのが、同日午後八時八分、約二時間の間に与野党入り乱れて多数派工作が行われた。自民党はこの日の午後、タイミングよく所属議員に「餅代」といわれる夏の政治資金を手渡していた。

すべての国会議員が、それぞれ複雑な思いで首班指名で投票した結果は、村山富市・社会党委員長を首班とする、自民・社会・新党さきがけの三党による連立政権の成立であった。

衆院の第一回投票で二二〇人、参院で六三人が「海部俊樹」と書いたが、非自民連立改革政権は敗北した。「海部俊樹」に投票したなかには、中曽根元首相や自民党離党に悩んだ渡辺美智雄がいた。

第三章　自社さ連立政権と政治の劣化
平成六年六月〜平成七年一二月

村山自社さ政権の本質

細川・羽田非自民改革政権に対抗して、自民・社会・新党さきがけの三党（自社さ）は裏交渉だけで、連立政権をつくるという破廉恥さであった。公式の会談は、なんと平成六年（一九九四）六月二九日の首班指名の当日、一回だけである。しかも『新しい連立政権の樹立に関する合意書』なるものが、議会政治を冒瀆《ぼうとく》したものであることは、あまり知られていない。その冒頭には、「新しく発足する連立政権（自社さ政権）は、昨年七月二九日の『連立政権に関する合意事項』及び『八党会派覚え書き』（非自民政権樹立のためのもの）を継承発展させ、以下の重点政策の実現に取り組む。……』（カッコは著者記入）

と書かれている。非自民連立政権を樹立した理念や基本政策の合意書をそのまま盗用して、自民党を中心とする連立政権を成立させたわけだ。こんな不条理は、人間の世界ではありえないことである。ここに自民党という政治集団の本質があるといえる。政治理念も政策もどうでもよいのだ。政権にしがみつき利権を維持継続させれば、よいのである。

海部元首相を擁立し、非自民改革政権を継続しようとしたグループが、何故、負けたのか。これを冷静に解明する必要がある。平成の二〇年間で最大級の議会政治冒瀆事件であり、二度と繰り返してはならないことだ。

まず、海部元首相の決断が遅れたことが原因の一つといえる。自民党国会議員が、これまでイデオロギーを対立させていた社会党の村山委員長を担ぐことについて熟慮する時間がなく、不満を持ったまま村山富市に投票したのが実態であった。

また、右のタカ派と思われている中曽根元首相が、首班指名の直前に記者会見し、テレビで「社会党委員長に投票することは、国益に反する挑発的な行為だ。私は海部俊樹氏を支持する」と発言したことが、社会党若手改革派を混乱させ、海部へ投票する予定者を減少させたとの見方もある。

さらに、海部元首相が出馬表明して二時間後に、衆院本会議が開かれるというあわただしさであったことも、海部派が負けた原因である。非自民政権の継続に批判的な竹下元首相らが「すぐ本会議を開いてしまえば、社会党の委員長を自民党が担ぐという破廉恥な行為を冷静に考える余裕はないだろう」と、土井議長らに働きかけたという情報もある。左派の土井議長は「自社さ政権」をつくることに大きな役割を果したのだ。

いずれにせよ、非自民改革政権を継続させようとする私たちのグループが、政治謀略戦に負けたのである。五五年体制の既得権で政治利権活動をやろうとする政治家たちの執念に負けたのである。五五年体制の実態を考えれば、社会党は裏側で自民党から個人としても党としてもカネをもらって事実上の連立を組んでいたのが表に出ただけかも知れない。

村山自社さ連立政権は、六月三〇日に組閣し、副総理に自民党総裁の河野洋平・外務大臣、橋本龍太郎・通産大臣を置くという異様な体制でスタートする。新党さきがけ代表の武村正義は大蔵大臣に就く。社会党から山口鶴男、大出俊、野坂浩賢ら五人を入閣させた。山口、大出両氏は自社腐敗政治の代表選手だけでなく、小沢一郎・自民党幹事長時代、湾岸紛争・PKO三党合意に反発し、因縁と怨念のある間柄であった。

新党準備会の発足

首班指名で「海部俊樹」と書いた衆参二八三人で、政治理念や基本政策で志を同じくする人たちから新党結成の動きが出る。それぞれの党やグループから代表者を出して、連絡協議会を発足させることになり、六月三〇日に一回目の会合をもった。

七月に入って村山連立政権は、臨時国会を召集し、社会党の理念を投げ棄て「日米安保条約反対」「自衛隊違憲」の基本政策を変更する。その方法は、衆参両院における村山首相の所信表明演説においてであった。社会党内での手続きも取らず、「日米安保堅持」「自衛隊合憲」と、重要政策を次々と自民党のペースに変更させた。国民はあきれて野合政権を批判した。

七月八日には、イタリアのナポリで開かれた先進国サミットにも出席した村山首相が、下痢で体調を崩し、重要な会議を欠席して話題となった。こうした中で、七月三〇日、海部氏を擁立した改革派は連絡協議会を改革推進協議会に発展させ、新しい政党づくりの準備に入ることになる。目標を、政治改革の結実、経済・社会・行財政改革の断行、国際協力の推進などとした。

自社さ連立政権に対する国民の不信感は強く、当時、体験したことを紹介しておこう。七月三一日、私は札幌に行った。自民党の北海道議会議員某氏の要請で、「ぜひ横路孝弘・知事と会ってくれ。新党結成の方針を説明してほしい。自分たちも参加する」というものであり、小沢代表幹事も「ぜひ会ってほしい」ということであった。

横路知事は、自社さ政権のかかえる問題——村山連立政権は憲政の常道でつくられたものではない、社会党の基本政策の変更手続きは問題がある、武村新党さきがけ代表の政治行動は批判されるべきだ、久保社会党書記長と接触を続けてほしい——などについて意見を述べてくれた。また、安全保障、経済改革、地方分権などの政策問題について意見が一致した。

近い将来、一緒に政治活動ができるようになると感じて、会談を終わった。それから九年という歳月を経て、平成一五年の民主党と自由党の合流で、小沢一郎と同じ民主党で提携しながら、政治活動を行う縁となる。

夏休み中の八月一〇日、高知で選挙区回りをしている最中、小沢代表幹事から「すぐ上京してくれ」との電話が入った。上京してみると、「連合の幹部が極秘で会いたいとのことだが、彼らの狙いがわからん、探ってほしい」

調べてみると、社会党の山花、本岡氏らが社会党を離れ、新党への参加を希望している。党内事情や支持労組の関係で一挙に参加は無理だが、一定期間別のグループとして協力し合って、一つの政党になることを小沢代表幹事に理解してもらいたいとのことだった。

極秘会合は八月一六日、東京・六本木の料理屋で開かれた。ゼンセン同盟、自動車総連、電力総連、全逓、味の素労組の代表者と、小沢代表幹事、私が参加した。懇談の結論は、

「一時的に反村山政権・反自民の方針で、協力関係のある政党が複数存在してもやむをえない。環境が整い次第一つの政党に統合しよう」

ということで意見が一致した。

手順として、九月初旬の社会党大会は基本政策の変更で大混乱する。二〇〜三〇人の離党者が出よう。この人たちで別会派をつくり、新党準備のバックアップをする。そう労組側が説明し、秋には村山自社さ政権を倒閣できると、大いに盛り上がった。

ところが、九月一日に開かれた社会党大会では、離党したのは元衆院議員の渋沢利久氏だけであった。社会党の基本政策の変更は、出席代議員三分の二の賛成による綱領の改正として行われるはずであったが、村山政権成立に伴う政策変更を決議案の形で、単純多数決で決定して、党大会を乗り切った。六本木会談の作戦は失敗した。右派の楽観主義は歴史の常である。

山花氏ら改革派は「新民主連合」を結成し、社会党の中で同志を増やし、時期をみて離党することになった。山花グループは四〇人程度が結集し、自民党のコントロールに従う村山政権内で抵抗をしていくようになるが、十数人が左派と内通しているという状態であった。年明けに事態は、異常な事態で意外なことに発展していく。

九月五日、海部元首相を擁立した「改革推進協議会」は、「新党結成に向けての国民へのアピール」を発表した。新党のテーマを「責任ある政治を求めて」とし、基本理念を

一、たゆまざる改革を進める―未来への挑戦
二、思いやりと生きがいのある社会をつくる―長寿福祉社会の基盤の確立
三、平和な世界をつくる―一国平和主義・一国繁栄主義からの訣別

とした。

翌六日、改革推進協議会を「新党準備会」に発展させた。参加したのは、新生党・公明党・日本新党・民社党に、自民党を離党した自由党・高志会・新党みらい・改革の会のメンバー、

そして社会党から離れたリベラルの会であった。それぞれのグループから代表者を出して世話人会をつくり、別に実務担当として六人の企画委員会を設けた。

私は企画委員に指名され、さんざんこき使われることになる。三カ月後の一二月一〇日には、党名を「新進党」とする新党結成大会を開いた。この間の苦労話をいくつか紹介する。

新進党結成と公明党の合流

新党結成の準備が着々と進んでいる中で、難問が生じてきた。最大の問題は、公明党と創価学会の中に新党結成に対する不安感が生じてきたことである。市川書記長の提言で、一〇月二八日、小沢新党準備会代表と秋谷創価学会会長の会談を行うことになる。

二日後の三〇日、秋谷会長から私に電話があり、池田大作名誉会長からの小沢代表への伝言を預かった。

「小沢先生には、お忙しいところ会長と会談していただいて、くれぐれもよろしく伝えてください。この会談は、一歩、信義を深める内容になっていて、一〇年後の秘話にすべき内容と思います。歴史的な意義のある会談でした。話はさすが小沢先生だ。まったく理解ができます。このことを無駄にしてはいけません。日本で一番大事な人ですから、何かありましたら、どんなことでもしますから、よろしく伝えておいてください」

ということであった。

小沢—秋谷会談、秋谷会長の池田名誉会長への報告という流れで、公明党の新進党への参加が確実となった。しかも、衆院では直ちに公明党を解消する。参院と地方自治体では順次、公明党を新党に合流させることを決めた。

「新進党」を結成させ、二大政党による新しい政治を行う体制をつくった歴史的意義は大きい。しかし、池田名誉会長の伝言にある「一〇年後の秘話」にはならなかった。一〇年を経た平成一七年（二〇〇五）には、復活した公明党は、自民党の歴史の中で最も問題のある小泉政権と連立し、社会保障費を削り、イラクへの自衛隊派遣に賛成するなど、平和・人権・福祉の立党の精神を放棄したのである。この公明党の裏切りこそ、歴史に残る行為である。

公明党・創価学会が政権に参加し、そして新進党で党を解散するに至る経過は、昭和四二年に遡る私との関係が原因であった。詳しくは、私の著書『公明党・創価学会の真実』（講談社）を読んでもらいたい。要するに、私はその後公明党とその支援団体に騙された思いである。それが今日の日本政治崩壊の原因の一つであり、私の責任は重いと思っている。

次の難問は、新党の資金であった。政策について議論をしているとき、小沢新党準備会実行委員長が、「資金の集まりが悪い」と、そっと私に耳打ちした。

「新党の政策は細かすぎる。スケールの大きいものでないと、資金は集まりませんよ」

一一月末、政策大綱がまとまったところで、坂口力・基本政策委員長（公明党）が非公式に財界有志に説明に行くことになった。突如、小沢実行委員長から「坂口さんに同行してくれ」、との指示が出た。東京海上の本社会談室に行くと、小沢実行委員長と親しい財界人が二〇人ほど待っていた。

坂口委員長が生真面目に説明すると、一同、

「新党としては政策的魅力がない」

と批判する。司会者が、

「平野さん、個人的意見でもよいから、新党で何をやりたいか、率直に言ってほしい」

と言い出した。小沢実行委員長と打ち合わせしたな、と私は直感して、

「グローバル・ニューディール政策を実行したい。日本列島の四つの島で、ビッグプロジェクトを一つずつ実行する。北海道に東洋一のハブ空港、本州は首都機能の移転、四国は国際協力PKOセンター、九州は不知湾淡水化事業、さらに米国と協力して、環太平洋にわたって資本主義の恩恵を受けていない地域のインフラ整備をやる」

と大風呂敷を広げたところ、出席者一同、「それを新党の政策とすれば、支援する」と激励してくれた。

坂口委員長は、目をぱちくりさせ、

「検討させてもらいます……」

と言い残して逃げるように退室した。

最大の難問は党首選挙であった。小沢実行委員長から民間人の起用について意見を求められた。

「議院内閣制のわが国で、新党は政権交代をいつでもできる体制にすべきですよ。総理となる党首は国会議員でないと、責任ある政治を目指す政党と言えません」

と進言して、党内から選ぶことになる。

海部元首相と羽田前首相が立候補の決意を表明した。二人だけの選挙はまずいと、民社党委員長だった米沢隆氏を説得して、三人の選挙となった。海部・羽田の争いは熾烈をきわめた。私は新党結成の経過からいって、海部党首を話し合いで選ぶべきだと主張したが、大勢にならなかった。マスコミの影響を受けた若手議員が、開かれた党は選挙で党首を選ぶべきと主張した。

マスコミは選挙だ選挙だと煽りながら、実際に投票を行うことになると、今度は「党内対立激化」と無責任な報道をした。私は、新進党初代の党首選挙に羽田元首相は立候補すべきでないという意見を持っていた。その理由は、羽田元首相の秘書が「グランディ事件」に関わっており、新党に参加する某議員が捜査当局から事情聴取を受けていて、某マスコミは羽田党首となれば、一斉に報道することになっていたからだ。

一二月八日、衆院講堂において新進党に参加する両院議員で、党首選挙が行われた。海部一三一票、羽田四五票、米沢三一票で、海部党首が決まった。一〇日には、横浜の「みなとみらい21」国際会議場で、新進党結党大会が開かれ、海部党首は骨格人事として副党首に石田幸四郎（公明党委員長）、米沢隆（民社党委員長）、幹事長に小沢一郎、政務会長に市川雄一、政審会長に中野寛成を指名した。

新進党結成までの三カ月の間に、自社さ政権はさまざまな妨害を行った。新党ブームを恐れ、公明党の参加を批判して創価学会へのいやがらせを行った。あまりにも低次元の攻撃に一矢報いるべく、一一月一八日、私は参院政治改革特別委員会で、社会党がソ連共産党から資金援助を受けていたという「自社さ」連立以前に調査した自民党調査団の報告書と、自民党がかつて米国ＣＩＡから資金をもらっていたという報道を取り上げて、自社五五年体制の不条理を糾弾した。あまりにも激しく攻撃したため、野中国家公安委員長が、

「街頭演説のような質問をするな」

と大臣席から野次ったため、紛糾した。

私の問題提起に、在日米国大使と河野洋平・外務大臣が同夜極秘に会談し、ＣＩＡ資金の自民党への流入について「事実はない」と、口裏合せをしたことを、後日産経新聞のＩ記者から

知らされた。

私は質疑の終わりに、

「われわれは、一二月一〇日をめざして新党を結成すべく準備を進めている。それは、こういった疑惑のある戦後民主主義——五五年体制を清算し、決別し、世界に通用する民主政治をわが国に確立させようとするものだ」

と締めくくり溜飲を下げた。

新進党の内紛

新進党は新党といっても既成政党の合流で、旧政党の枠で組織や役職をつくらざるを得なかった。旧グループが溶け合うのに一年はかかるということで、党規約も役員の人事も一年間の暫定としてスタートした。

結党大会の後は、執行部人事である。海部党首と小沢幹事長が相談して、正月明けに人事を決めることになった。それに文句をつけたのが私で、企画委員全員で小沢幹事長のところに押しかけ、「年末、年始の挨拶回りに肩書がいる」と進言すると、「そうだ」と海部党首を説得して、あわてて人事に着手した。

このあわてた人事から新進党内の混乱が生じた。もともと海部対羽田の党首選挙にしこりが残っていた。小沢幹事長が良かれと思った人事が裏目に出ることになる。自民党幹事長を体験した小沢幹事長は、ポスト名より実態を重視し、熊谷弘・前官房長官を「総務局長」とした。総務局長は選挙と人事の実務責任の重要なポストだ。

熊谷氏は、これに強い不満を持った。理由は、官房長官時代に副長官を務めた北村直人氏が、末席とはいえ副幹事長となったためである。小沢幹事長は側近中の側近といわれた熊谷氏が、全てを理解していると信じていた。熊谷氏は羽田政権を継続させなかった責任は小沢幹事長にあるとして、反小沢の立場にいたのだ。この時期から熊谷氏を中心に羽田副党首寄りの若手が集まり、海部—小沢執行部体制に抵抗するようになる。

平成七年（一九九五）は、村山自社さ政権は社会党の内部抗争、新進党は海部—小沢執行部に対立する羽田グループ、というそれぞれの内部で爆弾をかかえることになる。

思わぬ誤算——阪神淡路大震災

通常国会の召集日に先立って、社会党の山花グループは院内会派の離脱届を出して、社会党とは別の会派を結成する作戦をとることになる。これは連合の足立政治局長が、伊藤全逓委員長の了解のもとに私に相談があり、山花—平野ラインでつくったシナリオであった。

この作戦の狙いは、離党届を出せば社会党の許可が必要なので棚上げになる。新会派をつくることは社会党執行部への通知と議長への届で済むことだ。新会派で反党行為を続けていけば、除名せざるを得なくなる、というものだ。

その新会派届を何故、一月一七日としたのか。それは小沢新進党幹事長が、一三日に訪米し、伊藤全逓委員長が一四日にヨーロッパでの国際会議に出席するため、二人とも日本にいない時期をねらったものだった。このシナリオが全部狂うことになる。政治とは恐ろしいものだ。

村山自社さ野合政権を崩壊させる秘策を実行する運命の一月一七日、早朝、阪神淡路大震災が発生したのだ。それでも山花氏は一七人で、社会党の森井忠良・国対委員長に会派離脱届を提出した。しかし、史上未曽有の大震災の渦の中でどうしようもなかった。離党メンバーの中に兵庫県選出の国会議員が数人いたため、村山内閣の某閣僚が「天罰が下った」など不謹慎な発言が出て問題となった。村山政権の倒閣を止めたのが阪神淡路大震災であったことは事実である。かくして、山花グループの志は頓挫した。

阪神淡路大震災は六四〇〇人以上の死者を出す大惨事となった。最大の原因は、村山首相の政治家としての致命的欠陥によるものだ。まず、自衛隊の活用が適切に行われていたならば、死傷者を激減できたはずである。さらに、〝緊急災害対策本部〟が何故設置されなかったかという問題がある。

私は昭和四〇年代、衆院事務局で災害対策特別委員会の仕事を長年やっていた。地震対策立法の経験もあった。新進党の『明日の内閣』の国土交通部会で、国土庁の災害対策の関係者を呼び、状況説明を聴取した。顔見知りの防災業務課長に、

「なぜ災害対策基本法の最高措置ができる〝緊急災害対策本部〟を設置しないのか」

と迫ると、明確な答えをしない。しつこく聞くと、

「総理の指示で、石原副長官が内閣法制局と相談して設置しないことになりました」

「こんな時、法制局の意見を聞くなんて馬鹿なことだ。米ソ冷戦時に想定した騒乱状態でないということが理由だろう。現に交通系統が機能せず事実上騒乱状態ではないか。最高の措置を国が取ることで、被災者は心理的に安定するのだ」

と大声を出してしまった。

国土庁も私と同じ主張をしており、官邸側が強制権を伴う措置を嫌がったのがわかった。危機管理にこの政権では対応できないのだ。阪神淡路大震災は村山自社さ政権の欠陥を露呈したが、同時に倒閣という戦略も使えなくした。

国を挙げて震災対策に集中している二月八日、竹下登事務所から、

「なるべく早い時期に、竹下元首相が平野さんに会って話をしておきたいとのことです」

と連絡が入った。丁度、小沢幹事長の代理で高知市で開かれていた造船重機労連セミナーに

出席していたときで、九日午後八時、東京・世田谷区代沢の竹下邸を訪問した。

竹下元首相から、

「平野君が参院高知選挙区から出馬するとき、谷川科学技術庁長官を辞退させた。そのとき資金も使ったし関係者にも世話になっている。そこらのことをよく考えて、政治活動を慎重にしてほしい」

との言葉があった。社会党の分裂を仕掛けたり、震災対策で政権批判をしたりする私への脅迫的警告である。

「私たちが自民党を離党したのは、『政治改革大綱』を実現するためです。これは竹下首相退陣のときの国民への公約です。自民党は改革するつもりはありません。お世話になった先輩には迷惑をかけたと思っていますが、貴方や歴史に対して間違ったことをしたとは思っていません」

と反論したところ、竹下元首相はじっと考え込んで、これから何をやりたいのか、という話に移った。

「震災対策が終わるまで村山政権の倒閣運動はやりません。これからは経済構造改革に国を挙げて当たるべきです」

と話し、高知市の造船重機労連セミナーで講演した「グローバル・ニューディール政策」について説明した。

「これからも遠慮なく来て新進党の話を聞かせてほしい」

との言葉で別れたが、それ以後会うことなく、竹下元首相は平成一二年六月に死去した。

地下鉄サリン事件発生

二月二二日、最高裁はロッキード事件に関して、コーチャン及びクラッターへの嘱託尋問調書は「証拠能力がない」と判決した。しかし、田中元首相の有罪は変更しなかった。ロッキード事件が発覚した昭和五一年（一九七六）二月、私は前尾繁三郎衆院議長秘書として、政治と検察の接点の中で事件の究明に関わっていた。「両院議長裁定」での事態の収拾に尽力した。そのときの状況を政界引退後『ロッキード事件「葬られた真実」』（講談社）で明らかにし、田中元首相を無罪と考えている。

この最高裁の判決は、田中元首相を逮捕、起訴した根拠である「嘱託尋問調書」に対して、「証拠能力なし」としたのである。従って田中元首相に対しても法的には無罪とすべきであった。私は三月一七日の参院の法務委員会で、則定衛・刑事局長に「この判決で、法の支配の崩壊を見た」と質したところ、

「相当の知恵を出した捜査手法で得た調書の証拠能力が否定されたことに、いささか戸惑いを

覚えている」

と答弁した。この事件は三木首相の田中元首相への政治的怨念と検察による国策捜査であったことと、それ以来、日本の民主政治が混迷を続けていることに、私は思いを込めて、

「最高裁の判決は法的には絶対だ。嘱託尋問調書の証拠能力が否定されたことは、重大である。受託収賄などで断罪された田中角栄元首相もこの世にはいない。前尾・河野衆参両院議長などこの事件に関わった人たちも、裁判の行方に心を残して亡くなった。

この最高裁の嘱託尋問調書の証拠能力の否定は、日本の司法制度そのものの信頼性を問われる根本にかかわる問題だ」

と指摘しておいた。

三月二〇日、地下鉄サリン事件が発生した。オウム真理教団による組織的犯罪であった。サリンという毒ガスを使って、不特定の大量死傷者が出るという異常事件は、世界を震憾させた。国際社会はこの事件を引き起こした日本社会に不安と危惧を表明した。

村山自社さ政権は、この事件に対する認識がきわめて甘く、単なる刑事事件として扱い、背後で国際テロ組織や国内の暴力団とつながる、国家・社会への新しい形の攻撃という公安事件としての捉え方をしなかった。

五月二四日、私は、参院本会議で緊急質問に立ち、事件の背後に、ロシア・コネクションの

中心人物、早川紀代秀容疑者が一九八七年から九四年にかけて、二一回ロシアを訪問し、うち十数回はモスクワから北朝鮮に入国したとの情報を紹介し、オウム教団と北朝鮮と関係があると追及した。質問の最後に、

「サリン事件をはじめ、内外の非常事態は国家の存立を脅やかすものだ。これらの危機に対して適切な対応ができない村山首相のもどかしさに憤りさえ感じる。危機管理体制の確立ができないなら、その地位にとどまることは国民と国家にとって不幸である。

これらの危機状況は、戦後五〇年にわたる現在の我が国の政治、行政、経済、文化、教育等々の空洞化がもたらしたものである。その根本原因は、日本人の精神の崩壊、民族の魂の空洞化にある。指導的立場の人たちが、それに気付いていないことが、今日の日本の悲劇である」

と結んだ。この演説の途中に野中国家公安委員長が、本会議場の大臣席から、

「何を言うのか。オウムと関係があるのは、新進党の国会議員だ」

と大声で弥次っていた。異様だと感じていると、これには理由があった。

実は「自社さ」政権の親北朝鮮グループが、野中国務大臣を中心に食糧危機の北朝鮮対策のため、極秘に「文化使節団」という名目で、日本からのコメ援助のため交渉団を招いていたのだ。その第一回交渉を、五月二五日に東京全日空ホテルで行うことが決まっていた。その一日

前に国会で私が、「オウム教団と北朝鮮の関係」を追及したわけだ。野中国務大臣は私が、極秘の日朝コメ交渉を知っていると見ていたのである。

実は私はまったく知らなかったのだ。二五日の正午すぎ、友人の産経新聞政治部I記者からの電話で、

「KCIA（韓国大使館公安部勤務）の友人から連絡があって、平野参院議員に伝えてほしいとのことだ。今朝から日朝コメ援助交渉を全日空ホテルで極秘に始めた。今朝の朝鮮総連役員会で、妨害行動を行う平野議員を攻撃対象とした。国会の中ではできない。国会外は私たち（KCIA等）がガードする。問題は議員会館の事務所だ。不審者の入室に注意されたい」

とのこと。念のため小沢幹事長に伝えると、笑いながら、

「現職の国会議員である間は、大丈夫だよ。引退したとき危いかも知れんな……」

平成一六年七月に引退したが、今のところ何も起きてはいない。もっとも、朝鮮総連はその後の時代の変化で、事実上機能を停止した。

参院選挙の公約でもめる

話は前後するが、オウム・地下鉄サリン事件が発生する数日前、小沢新進党幹事長と秋谷創

価学会会長の会合があった。定期的に懇談していたもので、三月の懇談は夏に予定されている参院選挙の公約問題であった。秋谷会長が公約作成作業が遅れていることを指摘すると、

「六党三グループが合流したのが新進党で、目玉となる公約に難儀をしています」

と、小沢幹事長が率直に党内事情を説明し、雰囲気が固くなる。

私が「花粉症対策なんか目玉になりませんか」と、横から口を出すと、小沢幹事長は「真面目な話をしてくれ」と文句をいう。同席していた野崎勲・副会長が間に入って「小沢さん、創価学会は、そういう生活レベルのものでよいのです。会長も私も今年はひどい花粉症で」とクシャミをする。

それでも小沢幹事長の機嫌が直らない。

「それじゃあ、憲法の見直しを公約にしますか」

と私が開き直ると、小沢幹事長が、

「秋谷会長の前で何を言うのか。創価学会は護憲・平和が基本方針ではないか」

「戦後五〇年、半世紀たって社会の根っ子が変化したんですよ。国民の関心も高い、新進党が真っ先に総合的な見直しを、公約すべきではないですか」

とうとう小沢幹事長と口論になった。私の欠点だが、理解を示さないので三週間ぐらい、呼ばれても足を向けず口もきかなかった。

四月中ごろ市川政務会長から呼ばれた。

「いいかげんにしてくれ。早く小沢さんと仲直りしてくれないか。小沢さんの指示で、五月三日の憲法記念日に、新しい憲法を論議することについてのアピールを、党首声明の形で出すことになった。

私に、案文をまとめてほしいとして、スタッフは西岡武夫、船田元、それに平野も入れるようにということだ。小沢さんは気を遣っているんだよ」

小沢幹事長の判断には背景があった。自民党の中に三月二〇日に発生したオウム・地下鉄サリン事件を利用して、宗教法人法改正に誘導し、創価学会を弾圧する作戦を計画していたからである。この頃、村山内閣の文部大臣に就任していて、かねてから親しかった与謝野馨氏が、ひょっこり私の議員会館事務所を訪ねてきて、

「私の在任中、宗教法人法改正はやりたくない。与党の主張は筋違いだ。創価学会の幹部に伝えてほしい」

と頼まれたことがあった。

秋谷会長は、憲法第二〇条（信教の自由）の規定があいまいなこと、第九条（戦争放棄）の原理を生かし、国連への活動に参加できるよう整備することに理解を示したとのことだった。

市川政務会長を中心にまとめた『憲法記念日アピール』は、新進党海部党首の声明として発

表し、国民には好感をもって受け入れられた。七月に行われた第一七回参院選挙で、新進党は『論憲』として公約、また「花粉症対策」も生活部門として公約し、新進党の大躍進に貢献した。

平成七年（一九九五）前半の時期には、私は旧公明党・創価学会とはきわめて良好な関係であった。しかし、この頃新進党内部は羽田グループと海部・小沢執行部の間に抜きがたい亀裂が生じていた。この時期、おかしな会合に誘われた。渡辺恒雄・読売新聞社長と氏家斉一郎・日本テレビ社長に招待され、日本テレビのＶＩＰルームに行くと、細川元首相と熊谷議員がいた。えらく高級なフランス料理をご馳走になったが、話題は小沢一郎の批判ばかり。私に小沢から離れろという話になり、困ったなと思っていたところに、小沢幹事長から電話が入った。要件は中西啓介・議員の息子が逮捕されたので、警察と検察に話をしてくれというもの。私は、事情を説明して、食事会から退席した。

また、船田元氏が自民党のＹＫＫの三人と会談するよう動き出した。Ｙとは山崎拓・国対委員長、Ｋとは加藤紘一・政調会長、もうひとつのＫは無役の小泉純一郎である。加藤氏が小沢体制に不満を持つ船田氏に声をかけたといわれている。船田氏は若くして宮沢内閣の経済企画庁長官となって、世間から注目された。形だけの評判が、新進党という新しい政治グループの中で実態が見破られ、自分を見失い、女性問題もあって取り込まれたのである。

YKKは、自民党で長く続いた「金竹小」(金丸・竹下・小沢)体制に反発して、政治刷新を看板にしていた。小沢が自民党を離れ金丸・竹下が政治力を失うにつけて、自社さ政権の主役となり、日本の政治を堕落させる主役となる。たしかに金丸・竹下政治には問題があった。経世会分裂という中で、加藤氏は竹下元首相の影響を受けて、政界から小沢排除を企んでいく。

小沢・細川間での軋み

新進党は党内外の問題にもかかわらず、七月二三日の参院選挙で大躍進する。比例区では自民党を上回る一二五〇万六三二二票で一八議席、選挙区二二、非改選を合わせ五六議席を得た。社会党は比例区九、選挙区七、計十六議席という惨敗で選挙前の六三議席を三八議席に減じた。社会党は、基本政策を投げ棄て、自民党と連立政権を組んだことに対する国民の批判を受けたのである。

村山首相は参院選敗北の責任を取って、退陣を固めたが、自民党総裁・河野洋平は後継首相の座を得ることができなかった。その背後には、新党さきがけ武村代表の暗躍があった。

新進党は結党初の国政選挙での躍進であったが、小沢幹事長は不機嫌であった。参院選挙の公示日の前夜、新進党の比例区名簿順位(当時は拘束式比例区で党が当選順位となる名簿を決める制度であった）を決めた直後、珍しく私に愚痴をこぼした。

「細川の根まわしで談合があった。友部のような人間をどうして当選圏内に入れるようになったのか。こんなことでは新進党に将来はない」

友部達夫議員のことだが、後日、「オレンジ共済事件」で逮捕され、新進党が国民から批判される最大問題となる。私は友部についてある筋から情報を得ていた。当初自民党の竹下派からの出馬を画策し、元防衛庁長官の某議員を通じて運動資金を上納したが、金だけ取られてしまったという話だ。そこで日本新党の細川代表に近づいたようだ。

小沢幹事長と細川元首相の関係に軋《きし》みが生じたのは、この時期からであった。

この時期、党内抗争は野党第一党の新進党だけではなかった。河野自民党総裁は、総裁選挙での再選を目指して、村山首相に内閣改造を要請する一方、自民党の役員人事を一新し、自社さ政権の継続を公約して立候補を表明した。ライバルの橋本龍太郎は、「自民党らしい政治の実行」を公約し、社会党はずしの政権構想を発表、河野総裁と対立する路線を打ち出して、総裁選挙に名乗りをあげた。

橋本・加藤体制における新進党潰し

八月下旬、自民党総裁選の流れを変える出来事が起こった。私は、ブラジル訪問議員団としてサンパウロに滞在しているときだった。宮沢元首相の安藤秘書から国際電話があった。「宏池会の加藤紘一が反乱を起こし、同じ派閥の河野総裁を支持せず、経世会の橋本支持を表明した。宮沢元首相が困っている」とのこと。私は、「宏池会の跡目の思惑だろう。放っておけば、加藤氏の将来は終わりだ」と言っておいた。

総裁選は、橋本龍太郎とYKKのひとり小泉純一郎の一騎打ちとなった。結果は橋本候補の圧倒的勝利であったが、小泉氏も将来への布石となり六年後、首相となる。この策謀は加藤紘一の智恵であったと思われる。加藤氏は翌年の橋本政権で幹事長となるが、さまざまな問題を起こすことになる。

橋本氏が自民党総裁に就任し、最初に手をつけたことは、総裁選で公約した「自民党らしい政治」を反転させて、自社さ連立路線を継続することを表明した。加藤氏といい、橋本総裁といい、当時から、自民党指導者たちは、政治の理念や道義について厚顔無恥であったといえる。

橋本総裁のもとで政調会長となった加藤氏は、露骨な新進党潰しに出る。宗教法人法を改正して創価学会を攻撃する作戦を立てた。九月三日、韓国済州島で記者会見し、オウム真理教の麻原を例にとって、「宗教は本質的に民主主義とは相容れない」と発言し、次の臨時国会で宗教法人法改正案を成立させると発言した。

参院選の敗北は、「創価学会」のせいだと自社さ政権は総力を挙げて、新進党攻撃を始めた矢先、新進党内部では「小沢潰し」が始まっていた。九月中旬、政治評論家の内田健三氏と懇談した。何時《いつ》もと違い重い口調で、

「熊谷の動きに注意しておくべきだ。実は、八月末軽井沢で、細川元首相と会っているところへ熊谷が顔を出し、『本格的に小沢さんをはずさないと、新進党はうまくいかない』という話をしたんだ」

小沢潰しに細川元首相を動かそうという、熊谷氏の動きを教えてくれた。私はこの情報を小沢幹事長に伝えなかった。理由は人間不信を起こす可能性があるからだ。熊谷氏の動きの中で謀略を抑えるしかないと思った。

新進党内亀裂は、九月末、海部党首が臨時国会対策のため党人事の刷新を決断した際に表面化した。ねらいは宗教法人法改正案を審議することになるので、旧公明党の市川氏を国会対策担当の政務会長のままとはいかないという小沢幹事長の判断があった。

ところが海部党首は、市川政務会長を呼び、いきなり「人事をやりたい」と切り出し、市川氏は自分をはずすと誤解した。また、羽田副党首は暮れの党首選挙での海部再選固めと受け取り、党内は混迷した。

九月二五日、私は市川氏に呼び出され、

「小沢さんはなぜ事前に話をしてくれないのか。人事をやるならやれ、海部再選支持だったが、もう白紙だ。

平野さんも、もっと私と小沢の間に入って、意思の疎通をよくして通訳をやってくれ」

頭にきた私は、「あんたたち口を開けば、自立自立というが、通訳をやれとは何事か。二人で率直に話し合うべきだ」と抗議した。市川氏はよく理解してくれ、小沢―市川会談が持たれた。小沢幹事長は協力を要請し、人事の主導権を市川氏が握った。

市川ペースで、政務会長に渡部恒三、幹事長筆頭代理に西岡武夫、市川氏自身は幹事長代理で決着した。これからの党運営は、細川、羽田、小沢、市川、米沢、西岡の六氏が協議していくことでも一致した。

オープンプライマリー問題

新進党の内紛がようやく収まり、ほっとしたとき、反主流の船田元グループが、年末に予定している党首選挙に「党首公開選挙」（オープンプライマリー）で行うよう要求してきた。一般国民でも千円払えば党首選挙に参加できるというものである。これは、政党政治の否定につながるポピュリズムであり、私は反対であった。

本格的な党規約を制定するため「党規約委員会」が設置されていた。委員長・佐藤守良、副委員長・熊谷弘、事務局・平野貞夫で、船田グループの提案に党内の八〇％が賛成し、きわめて悩ましい問題であった。

一〇月下旬になって、オープンプライマリーに対する党規約委員会としての態度決定を行わなければならなくなった。船田グループのねらいを調べてみると、驚くべき謀略が判明した。

彼らの目的は、海部党首と小沢幹事長を潰し、羽田党首を実現することであった。そのため小沢幹事長が絶対に反対するオープンプライマリーを党規約委員会で否決させる。党首選挙は国会議員と県連代表の投票となる。八〇％が賛成するオープンプライマリーを潰した海部・小沢執行部は少数派となる。

羽田党首が実現するという作戦であった。特に絶対阻止すべきは小沢幹事長の続投ということだった。

一〇月二三日、佐藤党規約委員長と私は、小沢幹事長と事態の対応を相談する。私は「この際、オープンプライマリーを採用することにして、反主流派の意表を突きたい」と進言すると、「わかった」と一言。すかさず、佐藤委員長が、

「党首選には、あんたが出馬すべきだ」

と大声で口を開いた。私が黙っていると、「どうして黙っているんだ。きみも言え」

「それは小沢さん自身が決めることで、やると決まれば万全を尽くします」

と奥歯に物がはさまったいい方をした。すると、小沢幹事長が、

「無茶だ!! 出ても当選しないよ。僕は嫌われ者だから」

と、弱気な言い方で返した。佐藤委員長は、しつこく「出馬すべきだ」と促す。小沢幹事長は、

「党首なんかになりたくない。党首になる人物を支えるのが得意なんだ」

と機嫌を悪くする仕末に、私たちは憮然として部屋を出た。

その日の午後八時頃、小沢幹事長は東京・麹町の私の議員宿舎にブラリと顔を見せた。ビールを飲みながら、衆院で審議が始まった宗教法人法改正案が話題となったが、党首選についてはひと言も触れなかった。一時間ぐらいして帰ったが、気持ちが揺れているのがわかった。

二七日の党首選実行準備委員会で、オープンプライマリーでの党首選を行うことを、佐藤党規約委員長が提案すると、推進者たちが驚きの声を上げた。喜びの声ではない。石井一・衆院議員は「おい平野君、本気か」と言い出す始末で、若い議員が「こんな案もありますよ」と別の方法を持ち出すほどであった。

引き続き常任幹事会が開かれ、「小沢さんは反対じゃないんですか」という質問に、「皆さんが結構ならいいですよ」と答えたから大変だ。細川元首相が私のところに飛んできて、「本気なのか、止めさせてくれ」と慌てていた。小沢追い落としの謀略は存在していた。

宗教法人法改正案の可決

党首選挙の実施が決まり、ほどなくして衆院で宗教法人法改正案が可決される。参院での審議が始まったのが一一月中旬だった。新進党の党首選を牽制する形で、審議が展開する。

自社さ与党三党が狂ったように、宗教法人法改正案の成立に走り出したのは一〇月末からで、次の総選挙まで三党連立を続け、新進党に対して選挙協力をする創価学会潰しをするために、宗教法人法改正を使おうとする憲法の信教の自由を侵す暴挙であった。自民党の加藤政調会長らが中心であった。

衆院の審議は、新進党が「柔軟な戦術を取れば、池田名誉会長の国会招致はない」という対応をして抵抗しなかった。ところが参院では、与党が執拗に池田招致を要求してきた。小沢幹事長が総指揮をとり、私が参謀として徹底抗戦で対抗した。ところが、旧公明党の新進党幹部の中に、「池田名誉会長を強制力のない参考人として、一旦決定して与党の顔を立てておき、病気などを理由に出席しないこと」で済ませようという自民党の誘惑に応じようとの動きが発覚した。

これには二つの陰謀があった。まず、党首選がらみで、宗教法人法改正に徹底抗戦する小沢幹事長の足を引っぱろうというもの。もうひとつは、創価学会の中で本格的に池田名誉会長を退陣させようという動きであった。参考人で欠席すればマスコミは批判し、強制力のある証人喚問に転化することは目に見えていた。

そこで私が考えたのは、参院議員会館の特別委員長室で、宗教法人法改正特別委員会理事懇談会を開会していた委員長と理事を、新進党議員と秘書でピケをはり閉じ込めるという作戦である。院内でやれば議長警察権で排除されるが、議員会館なら麹町警察署の所管である。排除となれば、警察官の導入となる。そうすれば世論は、宗教法人法改正に反対の合唱になるとの読みであった。

困りはてた自民党参院幹事長の村上正邦氏から電話があり、

「平野君、悪智恵に参ったよ。事態収拾の与野党合意文をつくってくれ」

早速、「今後、証人参考人の招致は全会一致とする」ことで、池田名誉会長の国会招致を封じ込めた。宗教法人法改正案は内容的には、さして問題はなくむしろ池田名誉会長喚問が狙いだったので、ほどなく成立した。

小沢包囲網の実態

一二月一六日、新進党の党首公選は、二七日と公示された。その少し前、私は羽田グループの幹部連中が発言したオフレコメモを入手した。

「小沢幹事長は本来の職務をやっていない。党首選に出馬させない作戦を考えるべきだ。もし出馬するなら、寒い季節なので厳しい選挙日程をつくり、心臓の病があるので対応できなくさせよう。相手が海部なら羽田が勝てる。幹事長は船田元だ」

まことに問題の多い人間たちだ。このグループの大半が、その後自民党に戻ることになる。私はこのメモを小沢幹事長に見せ、「小沢包囲網」の実態を説明した。しかし、それでも出馬することを拒否した。海部、羽田は選挙の準備を着々と進めていた。

党首選立候補締切り直前になって、党内の国会議員一二四人で「小沢一郎を党首にする会」という勝手連が結成された。それでも「僕は御輿に乗るのは嫌いだ」と素っ気ない。仕方なく見切り発車することになった。

小池百合子は、小沢事務所でポスター用の原画フィルムを失敬してきた。二階俊博は勝手に投票用紙の封筒に入れる小沢候補のビラをつくった。平成二十年現在、小池といえば、政界を上手に泳ぐ女狐として総裁候補だ。二階といえば、道路族のドンで利権派を代表する守旧派だ。彼らに政治の理念を求める方が、馬鹿かも知れない。

党内が混乱し、分裂することを心配した幹事長代理の渡部恒三が一二月二〇日の夜、小沢―羽田会談をセットした。三人は自民党時代、田中派の同志であった。会談は二回行われた。一回目の会談が始まる三〇分前まで、私は小沢幹事長と会っていた。その時の感じでは不出馬を表明する気がした。

この会談で渡部幹事長代理は、「羽田党首・小沢幹事長」を提案した。「結構です。任せます」と言ったのは小沢一郎。羽田孜は「任せる」と言えなかった。「小沢包囲網」の意向のまま結論は出せなかった。

翌二一日午前、二回目の会談となった。その朝、小沢勝手連二〇名が幹事長室に押しかけ、騒然となった。山岡賢次、二階俊博が全員を退室させ、「どうもおかしい。平野さん、腹の内を聞いてほしい」と懇請した。

幹事長室で二人きりになると、小沢幹事長の腹はすぐわかった。「人間不信」に陥っているのだ。回復するのに一週間はかかるのが普通だ。このままだと政治家を辞めると言いかねない。相手の腹どころか、こっちの腹をさらけだす時と覚悟して、

「国家、国民という大義に生きるべきだ。個人の感情は吹っ切ってもらいたい」

と大声を出した。いい終わると五～六人が飛び込んできた。

「わかった。羽田さんに会ってくる」

と、小沢一郎は幹事長室を出た。

二回目の会談でも、小沢幹事長は調整後の渡部幹事長代理に任せるという態度を変えなかった。一方羽田氏は「任せる」と言わず、会談は不調となった。会談を終えた小沢幹事長は、勝

手連の幹部を集め静かに話し始めた。

「これから準備するが、皆さんに提示する政治理念や基本政策に賛同してくれるなら、党首選に出馬します」

小沢一郎は、やっと出馬の意思を明言した。午後、提示したものは、『日本改造計画』として平成五年（一九九三）五月に発刊した著作の内容を、基本とするものであった。海部党首は、小沢出馬を歓迎して、自身の出馬は断念して協力することになる。

新進党党首選は、日本で初めての国民投票即ちオープンプライマリーで、大変な人気となる。テレビは大々的に取り上げ、全国遊説で国民に理念や政策を、小沢・羽田候補は直接訴えた。

一二月二七日に投票が行われ、結果は小沢一郎一一二万票余、羽田孜五六万票余であった。羽田グループがいい出した党首公選で、羽田候補が大差で敗北した。残ったのは党内の巨大なしこりの塊であった。

選挙後、二階俊博・山岡賢次・西川太一郎（現東京・荒川区長）・平野貞夫の四人は、「新進党を駄目にした四バカ」と名指しで非難されるようになる。

第四章 自社さ連立政権の失政と保保連合
平成八年一月〜平成一二年四月

村山首相の退陣

平成八年（一九九六）元旦、小沢新進党党首は、何年かぶりに東京・世田谷の自宅を開放した。政治家や記者たちが大挙して押しかけ、新年の宴会を開いた。同じ日、「元旦の青空を見上げ、来し方を振り返り、退陣を決意した」人物がいた。

内閣総理大臣・村山富市である。一月四日恒例の伊勢神宮参拝後の記者会見では「引き続き政権を担当する」と国民に約束し、なんと翌五日に一転して退陣を表明したのである。これは政治的「カゴ抜け詐欺」である。実は、前年一二月二九日、伊豆長岡の高級旅館で大蔵大臣の武村正義と村山首相で話し合って決めていたことだ。

退陣の理由は、住専（住宅金融専門会社）に絡んだ予算が政治問題化して、国会運営に自信がもてなくなったからである。住専問題とは一九七〇年代住宅建築がブームとなり、都市銀行、信託銀行、長期信用銀行などを母体行に設立された住宅ローン専門の金融会社が起こした不祥事である。

バブル時代、銀行や農林中央金庫、農協の上部団体である県信連などが、ダブついた巨額の資金をこの住専に湯水のように融資した。特に県信連から住専へは、杜撰《ずさん》な手続きで行われた。一九九〇年代になって、バブルが崩壊するや巨額の不良債権が発生し、日本経済の足かせとなった。

住専処理は日本の金融システムの重要問題であった。旧大蔵省はOBの多数を、住専の経営陣に天下りさせていたため、その処理策に苦慮した。大蔵省の解決策は三点あった。

①大手母体銀行は貸付債権三兆五千億円の全てを放棄する。②地方銀行など貸付債権の一部一兆七千億円を放棄する。③農林系金融機関が一兆二千百億円を負担する。というものである。ところが、農林系金融機関が文句をつけた。「五千三百億円を寄付する」ことしかできないというのだ。となると差し引き、六八〇〇億円が宙に浮く。

これを解決するため、農林族としてとかくの噂で有名な政治家、加藤紘一・自民党幹事長が暗躍する。武村大蔵大臣を通じて、不足分の「六八〇〇億円」を税金から出すよう圧力をかけた。平成八年度一般会計予算で支出しろというわけだ。

これには、大蔵省事務当局は強く抵抗した。民間金融機関の救済に税金を使うというのだから。結局、債権回収のために国が五〇億円を出資して「住宅金融債権管理機構」をつくり、不足分の六八〇〇億円を税金で穴埋めすることになった。合計した六八五〇億円が、「緊急金融制度安定化資金」として、一般会計予算書に計上された。

このスキームは、予算編成の最後の段階で突然出てきたものである。予算編成直後、篠沢恭助・事務次官が突然辞意を表明する。理由は、当時話題となったノーパンシャブシャブ事件など、大蔵省職員の不祥事の責任をとったものといわれた。この話には後日談がある。

平成一六年（二〇〇四）、私が参院財政金融委員長に就任しているときだった。当の篠沢元大蔵次官が、国際協力銀行総裁として挨拶がてら、国際経済について説明をしてくれた。昔話となり、住専問題の苦労話となる。

「平野さんだから申し上げるが、実は、あのとき武村大蔵大臣は住専スキームに反対する西村銀行局長を辞めさせろと私に厳しく命令してきたんですよ。配置替えなら可能だが、首を切ることはできないと抵抗したわけです。それで、予算編成が終わったので、私が責任を取ったのです」

武村大蔵大臣は、篠沢事務次官の辞任に大変なことになったと感じ、嫌気が差している村山首相を誘って道連れにしたのだ。

平成八年（一九九六）一月五日朝、私は村山首相退陣の情報を知り、来日中の英国労働党首ブレア氏と会談中の小沢党首に伝えた。小沢党首は午後記者会見し、

「予算編成をした首相が、事故もないのに通常国会前に退陣する例はない。自社さ連立政権は政権維持だけを目的とした反国民政権だ。三党の枠組みを続けたいなら、解散して国民に信を問うべきだ」

と厳しく批判し、私に予算編成をした内閣が国会に予算を提出する前に総辞職することについて、憲法上の問題を調査するよう指示した。

私は、憲法第八六条の予算編成権の規定から「予算を作成して国会に提出する」ことが、内閣の義務である。総辞職は予算編成権の放棄となる。首相が事故や病気、死亡などで辞めるならともかく、「元旦の青空を見上げ、来し方を振り返り、退陣を決意した」(辞任記者会見)とは、憲法以前の人の道としての問題だ、と小沢党首に進言した。

こんな政治家たちが、非自民改革政権を潰し、利権政治を続けているのだ。恐ろしいのは、これらの事実を有識者や大手マスコミが批判する能力も勇気もなくしていることだ。

橋本政権と住専国会

一月一一日、臨時国会を召集し自社さ連立政権を継続して、新たに橋本龍太郎を首相に指名した。副首相兼大蔵大臣になんと社会党の書記長・久保亘が就任した。久保氏は社会党の山花グループの理解者であった。その久保氏が政権に取り込まれ、事実上、山花グループの活動は停止した。社会党は一九日、党名を「社会民主党」と改名する。

第一三六回常会、いわゆる「住専国会」が一月二二日に始まった。橋本政権の最初の仕事は、国民に嘘をつくことであった。橋本首相と久保大蔵大臣は、口を揃えて、「住専の不良債権を早急に解決しないと、国際金融システムが混乱する」と施政方針演説や財政演説で宣言した。

橋本内閣の官房長官には梶山静六氏が就任し、新自社さ政権の舵取りを行うことになる。梶山氏は前年の無役時代、「文藝春秋」平成八年新年号に、財政・金融構造改革の論文を発表していた。要点は、当時から話題となっていた「金融機関の不良債権処理」について、責任者の処分と公的資金を活用してでも早期に解決すべきだ、と同時に国の財政制度と税制の構造改革をしよう、というものであった。

小沢改革論と共通する部分があり、永田町では「平野がゴーストライターだ」との噂が流されたぐらいだ。もっとも、梶山氏の幹事長時代には、私たち改革派とは厳しい対立をしたものだったが、一年半の「自社さ」政治に相当考えることがあったらしい。その梶山氏が官房長官に就任したことに、私は何かの変化を感じた。

新進党の小沢党首は、代表質問で「政権のたらい廻しは、憲政の常道に反する」と衆院の解散を主張し、党首会談を要求したが、橋本政権は拒否した。

住専処理について橋本・加藤政権がとったのは、きわめて重大な議会政治を冒瀆したやり方だった。

第一は、民間企業の倒産や整理に税金を使う根拠がない。

第二は、不良債権の中には、暴力団関係企業に融資して焦げ付いたものや、政治家へのヤミ献金で使途不明金となったものがある。

第三は、予算化した六八五〇億円の積算根拠がなかった。

こういう実態を国会審議を通じて国民が知るようになると、世論調査で九〇%に上る拒絶反応が示された。このような、わが国議会史上最悪の予算に対して、各党内では対応に意見が分かれた。

・加藤自民党幹事長ら執行部・社民党・さきがけ・新進党反小沢系（農林族）

「税金の投入はやむを得ない。住専関係法案や予算はそのまま成立させる」

・新進党の大勢・自民党改革派

「税金の投入をやめ、住専関係法案を廃案とし、金融システム、財政・経済の抜本改革を行い、不良債権全体の処理の中で住専問題の法的処理も含めて解決させる」

・共産党

「関係法案を修正し、母体行に負担させ、税金を投入しない」

住専問題の重大さにもかかわらず、残念なことに、新進党は準備不足と党内の足並みの乱れで政府を攻めあぐんだ。自民党は、加藤幹事長、山崎政調会長、野中幹事長代理を中心に、あの手この手で新進党内部を攪乱《かくらん》させた。三月四日には総予算の衆院通過という流れができ、追い込まれた新進党執行部は重大な決意をすることになる。

住専予算阻止大ピケ作戦

三月三日、日曜日だった。突然、米沢新進党幹事長から全日空ホテルに呼び出された。指定の部屋に入ると、小沢党首、市川幹事長代理、西岡国対委員長が顔を揃えていた。

「皆さんが物理的抵抗を了承してくれというんだ」

と小沢党首が困惑した様子で、私に話す。

「どんなことを考えているんですか」と言うと、西岡国対委員長が、

「私のアイディアだが、予算を採決させないようにしたい。予算委員や閣僚を予算委員室に入室させないようにしたいのだ。そうなると、衆院事務局時代、自民党の強行採決のとき智恵を出していた平野さんの出番だ」

と大変なことを言い出す。小沢党首が、

「僕が心配しているのは、世論から批判されて党内が割れることだ。止めたりすると笑われ

る。目的を達成するまで貫徹するという覚悟と党内の理解を得ることができるのか」

「そのくらいの抵抗をしないと、住専処理批判への国民の圧倒的意見は生かせません。党内の説得には自信があります」

米沢幹事長が珍しく、胸を張る。

そこで私が出した作戦は、次のようなものであった。四日月曜日午前九時に、事務局は予算委員室を開ける。入口は東側と西側の二箇所でそれぞれ廊下から直接入るのでなく、一〇メートルぐらいの通路があってそれに沿って入口がある。従ってその通路に座り込めば、一応ピケとして入室を阻止できる。ただし、西側に接近している第二委員室から、強行採決のとき委員長を救出するため衛視を極秘に入室させる入口がある。そのため第二委員室も占拠しておく必要がある。

従って、二つの入口と第二委員室、それに予算委員会の中に、それぞれ三〇人、合計一二〇人程度の国会議員と秘書を動員して、交代で徹夜してピケを張ることが必要である、と図面を書いて説明した。会合に参加した全員が熱心に聞き、最後は感心してくれた。そこで私は「議長が院内警察権で衛視を使って排除しようと思えばできます。世論の支持があればやれないでしょう」と言っておいた。

三月四日、衆院予算委員会は午前一〇時開会とセットされていた。午前七時半、新進党幹部会、同八時両院議員総会、同八時半最高諮問会議が開かれ、住専予算阻止大ピケ作戦が決定され、午前九時すぎには、国会史上初の抵抗戦術としてのピケを完璧に張ることになる。

この種の国会作戦は、与野党ともスパイ役を各所に置き、記者たちもいて、必ず情報が漏れるものだが、不思議にも完璧にピケを張ることができた。世論もこの作戦を支持してくれた。橋本首相は烈火のように怒った。

問題の土井議長も当初、このピケに心情的理解を示し、衛視によるピケ排除は行うつもりはなかった。理由は、阪神大震災の被災者たちの救済に比べて、住専処理スキームはとんでもないという意見を持っていたからだ。

ところが、一週間を過ぎてから、新進党のピケ作戦をマスコミが批判するようになり、世論も冷たくなった。困ったのは、土井議長で、新進党で親しい旧公明党の権藤恒夫・衆院議員に「なんとかして下さいよ」と泣き込んできた。権藤議員は小沢党首とも親しく、私とは兄弟のような関係であった。

一方、土井議長が声をかける前に、「ピケをやめ審議に応じよ」と、権藤議員に圧力をかけてきた自民党の大物がいた。ピケが始まって三日目、三月六日の夕刻、権藤議員が会いたいと申し出てきた。議員会館の彼の部屋に入るなり、

「住専予算で妥協する方法を考えてくれ」

「馬鹿な!! せっかく追いつめたのに」

と私が怒ると、心底困った顔をして、

「実は、野中幹事長代理に呼び出されたのだ。住専処理で妥協しろというのだ。理由を聞くと、公明党代表の藤井富雄・都議らが、ある暴力団の組長と密会しているところを、ビデオに撮られていて、そのテープを持っているというのだよ」

「それは脅されているのじゃないですか」

「そうだ。しかし、ことは暴力団と公明・創価学会の問題だ。何かいい智恵を出してくれないか」

この「密会ビデオ問題」は、その後、政治問題となり、新進党で旧公明グループが小沢党首に離反する原因となる。野中氏による「新進党解体の種」に発展する。平成一六年(二〇〇四)に刊行された『野中広務 差別と権力』(魚住昭著 講談社)に、真相が詳述されている。

私は即答を避け、権藤議員を誘い小沢党首に会いにいった。状況を説明すると、

「創価学会が困るだろう。権藤さん、あんたが窓口になって野中さんと話し合ったほうがよい。平野さん、あなたは妥協案を考えてくれ。ただし、条件が二つある。一つは予算の形式的修正だ。もう一つは、自民党の中にも経済構造改革の必要性がわかっている人たちがいる。住専問題を機会にその糸口をつくることだ」

と指示した。小沢党首は自社さ政権を解体する腹だなと、直感した。

一龍会談の背景

権藤議員と野中幹事長代理の裏交渉といっても、私の妥協案ができないと進まない。ピケを張ったままでは、シナリオができるはずはない。そこで土井議長が困っている話が出てきたのを機会に、三月一〇日を過ぎて、権藤議員を通じて次のシナリオを土井議長に伝えてもらった。〝総予算の審議に十分な時間をかけ、与野党の合意がなければ本会議で採決しない〟という方針で、調停に入る、というものだ。

土井議長も新進党も了解し、三月一三日午後二時半から、土井議長の呼び掛けによる与野党幹事長会談が開かれることになった。ここで合意ができれば、新進党はピケを解除することになっていた。

これを謀略で阻止したのが、加藤自民党幹事長であった。加藤氏には住専疑惑があった。救済スキームづくりで巨額の政治資金が動いたという情報が流れていた。その上に三月一日毎日新聞は、官房長官時代に疑惑を受けていた一〇〇〇万円を、元後援会長が預かっていた事実を報道した。そのカネは、住専で不良債権となって倒産した「共和」からのものとして、元後援会長が東京法務局に供託したものということであった。

野党は加藤氏をはじめ関係者を証人喚問し、真相を究明すべきと主張していたため、土井議長による調停によって正常化する流れに、加藤氏は困惑した。土井議長が調停を始める直前、社民党の上原康助・予算委員長が突然記者会見し、新進党の国会対策を厳しく批判した。米沢新進党幹事長は「公党を侮辱した」と怒り、与野党会談を拒否した。

この頃までの新進党は、世論に乗って座り込みを続けていたが、土井議長の調停不調により、世論は座り込みに批判的となる。加藤幹事長が悩んだことは、事態の収拾を土井議長の調停によってはかれば、証人として喚問され政治生命を失いかねないことであった。

そこで野中幹事長代理による「密会ビデオ作戦」で、公明・創価学会脅しを強化していくことになる。当時の記者情報によれば、一三日は上原委員長の政治資金パーティが予定されており、加藤幹事長から相当の資金が配慮されていた事情があった。

三月の後半になると、暫定予算や国民生活関連法案、いわゆる日切れ法案について協議しなければならない。三月一九日、突然、橋本首相と小沢新進党党首の会談が行われた。梶山官房長官の根まわしであった。三人で一時間半話している。結論は「国会正常化について与野党の国対委員長で協議する」という当たり前のことだった。小沢党首は私に「国家の大事」について話したと、もらしてくれた。

その前日、一八日午後七時、ホテルニューオータニで、小沢党首・権藤議員・私の三人が、ある経済評論家を囲んで懇談した。その人物は、竹下元首相の使者、長谷川慶太郎氏であった。

「竹下さんは『バブルの原因は自分のやったプラザ合意による円高だ。その後の政策に問題があったのだ。住専処理に税金を使っても不良債権が解決するわけではない。一日も早く金融システム全体の改革をやるべきだ』という意見だ」

長谷川氏は竹下元首相からのメッセージを語り出した。権藤議員がその話をとらえて、

「平野さん、これで妥協案がつくれるんじゃないか」と畳みかける。

「昭和初期の大恐慌で、米国ではペコラ委員会をつくって総合的改革をやったことが参考になりますな」

というと、小沢党首が、

「日本版ペコラ委員会をつくって、財政・税制・金融など経済全体の革命的改革をやろう。骨格を具体的に構想してほしい」

といい残して、次の日程のため退室した。残った三人で意見を交換していると、

「実は、竹下さんは米国の資料を、参院の斎藤議長に集めさせているんですよ。それに具体的な構想は、日銀副総裁を辞め富士通総合研究所にいる福井俊彦氏に研究させているんですよ。でも問題が残っているんです。そこを平野さんから聞いてこいといわれたのですよ。日本の

国会制度は米国と違うので、日本版ペコラ委員会を国会の組織としてどう組み入れるかという問題です」

と長谷川氏から突然の宿題が出る。

「思い付きですが、参考になれば」と私は説明した。基本構想として、国会法を改正して「日本版ペコラ委員会」の設置、権限、構成などを規定すればよい。衆参両院からそれぞれメンバーを出して、国会として一つの機関とする。権限として、調査に強制力を持たせ、スタッフに官民のエキスパートを起用する。対応策について法案の提出権をもたせる。もっとも大事なことは人事だ。委員長には中曽根元首相、筆頭理事は竹下元首相、野党党首、書記長経験者から構成することなどを提言した。

翌一九日に行われた橋本首相と小沢新進党党首との「一龍会談」の背景には、このような動きがあった。

予算修正の後始末

党首会談が行われたにもかかわらず、三月二四日の岐阜県参院補欠選挙まで正常化は足踏みをしていた。自民党の村岡兼造・国対委員長と西岡・新進党国対委員長で、非公式な協議が続き、二四日、次の合意ができた。

①予算委員会で十分な審議を行う。
②採決を強行しない。
③加藤紘一・自民党幹事長の証人喚問を行う。
梶山官房長官も了承し、翌二五日の党首会談で決着することになっていた。ところが岐阜県参院補欠選挙で、自民党が勝利した。加藤幹事長は、村岡・西岡両党国対委員長の合意文書にクレームをつけ、自分の証人喚問を削除するよう要求した。国会空転が続く状況となった。

深刻な事態を心配した村上正邦・参院自民党幹事長が、私を院内の政調会長室に呼び出し、

「衆院の正常化を参院のおれたちがやるのはおかしな話だが、みんな困っている。このままピケを続けるわけにもいかんだろう。

梶山官房長官からも頼まれている。何とか小沢党首を説得してくれないか」

膝に手をあてて頭を下げる。

「私の仕事じゃないですよ」

「冷たいことを言うなよ。このままじゃ、参院で予算審議もやれないよ」

私が横を向いていると、村上幹事長はどこかに電話をかけた。相手は梶山官房長官だ。

「官房長官からも平野君を口説け」

そう話すと、受話器を私に突き出した。

「ご無沙汰しています」

私が緊張して挨拶すると、相手は前置きなしに本題に入る。

「なんとか小沢さんを説得する文案を考えてくれ」

梶山氏と話すのは五年ぶりのことで、彼は海部内閣の国対委員長時代、政治改革特別委員会の事務局責任者の私を「自民党を潰す気か」と、怒鳴りつけた。私が参院議員となり、竹下派の分裂とともに自民党会派に入る手続きをとると、二カ月間も机の引出しに入れっぱなしにした政治家だ。おかげで無所属のまま自民党高知県連会長に就任するという、珍事をつくってくれた人物であった。

「努力してみましょう」とだけ話して電話を切った。私は、

〝証人喚問等について、予算委員会は真摯《しんし》に受け止め、協議して対応する〟

という文案をつくり、小沢党首を説得して国対委員長会談で合意し、衆院は正常化した。

ところが、この合意文がきわめて悪評で、マスコミは問題の先送りと批判した。新進党内では、加藤幹事長の証人喚問をウヤムヤにして、何のためのピケだったのか、と私ひとりが悪役にされた。

与野党が正常化で合意した三日後の三月二八日、かつての「自民党のドン」金丸信氏が亡く

なった。竹下派が分裂して自民党と新進党で対立し、日本政治の混迷を見ながら旅立っていった。

四月に入って予算審議は続いたが、肝心の住専処理の予算修正の裏交渉は、さっぱり進まなかった。野中幹事長代理のところに、権藤議員が私の書いたメモを届け、その返事をもらうという裏交渉だ。

自民党は「絶対に予算の数字を削除することはできない」と強く主張する。その代案として、私は、

「予算書の総則に条文を追加し、『住専処理について与野党の合意ができるまで、予算の執行は留保する』を了承するなら、小沢党首を説得する」

と権藤議員を通じて野中幹事長代理に伝えたところ、早速、竹下元首相に報告に行ったらしい。その返事は、

「それは邪道だ。平野は悪だ。ひどい……」

との答えであり、そこで私は、権藤議員に、

「野中さんに伝えてほしい。竹下さんは何もわかっていない。そんなことではペコラもヘコラもない。私は水面下の話から降りる」

と言った。

一時間もしないうちに権藤議員から、

「竹下さんが予算総則の修正で、やむを得ないと了承し、大蔵省の説得に入った」

との連絡があった。

小沢党首に状況を報告し、妥協の限界について確認したところ、「住専処理をはじめ金融制度の整備を行うことで合意ができるまで、住専予算の執行を留保する。これを譲るな」という。自民党は「……の整備ができれば住専予算を執行する」ことを譲らなかった。

与党の社民・さきがけ両党は住専スキームの変更に絶対反対であった。大蔵省は面子にかけても、予算の執行権に国会が手を入れてくることに抵抗した。政府与党の調整は四月九日徹夜で行われた。

「留保」か「措置」か

史上初めての予算総則の修正である。紛糾し、久保蔵相は辞意をもらした。予算の執行権を確保することを条件に、政府与党の意見の統一ができた。翌一〇日からあらためて、非公式交渉となる。朝から村上参院自民党幹事長が私の議員会館の室に来て、「合意できる文章に智恵を出せ」とワイワイ攻め立てる。

そのうち、野中幹事長代理から村上氏に電話が入る。「直接平野君を口説け」と受話器を私に渡す。五年ぶりの野中氏との話である。

「予算を修正すべきという小沢党首の見識は、政党人としてわれわれも同じ気持ちだ。拒否する社民とさきがけ、大蔵省をようやく説得した。『留保』はどうしてものめない。小沢党首を説得してくれ。智恵を出してくれ」

「小沢党首は『留保』なら、予算に賛成してもよいという心境だ。私ができることは、話し合いを決裂させるか、継続させるか、これを決断してもらうだけです」

私は率直に野中幹事長代理に語り、小沢党首にこれまでの状況を報告した。

「これ以上水面下の話は無理だ。『留保』はのまない。話し合いを続けるなら党の代表者を出してやるべきだ。社民党を中心に新進党をはずし共産党を取り込んで、予算の衆院強行突破の情報もある」

私が伝えると、小沢党首は、

「話し合いは続けるが、『留保』を下ろすわけにはいかん」

と方針を示し、新進党の代表として西岡国対委員長、補佐役として私を指名した。自民党は代表を村岡国対委員長、補佐役村上参院幹事長を決め、一〇日の午後四時からキャピトル東急ホテルで、交渉を始めた。

四人が揃ったところで、村岡国対委員長が、「四人とも住専処理の政府案に反対ですな。敵は向こうにいるという変な与野党協議だ」

と軽口を言うまではよかったが、「住専予算を執行する」と「留保する」を主張し出すと、すぐ行き詰まった。三人が私に、なんとか智恵を出せとうるさく言うので、あらかじめ法令用語事典で調べてきたことを説明することにした。

「ある事柄の始末をつけるための手続き又は取り計らって決まりをつけることで、『処置』とおおむね同意語で、『措置』という言葉がありますよ」

と説明すると、文章にしてくれとのこと。

〝予算書の総則に第一六条を追加し緊急金融安定化資金の六八五〇億円については、制度を整備した上で措置する〟

と、文案を三人に示した。

教養のある西岡国対委員長は、文案を一読して「措置」が「留保」より厳しい意味であることを理解し、私に目でサインした。自民党の村岡・村上両氏は「留保」でなければ、言葉はどうでもよかった。梶山官房長官に電話で直ちに了解を取った。新進党は西岡氏が小沢党首に電話で説明し、検討して返事をすることになる。一時間ぐらいして、小沢党首から了承すると電話があった。それぞれの党内手続きが終われば、橋本首相と小沢党首の党首会談で決着させることになった。合意案は次の通り。

第一　予算書の総則に第一六条を追加し緊急金融安定化資金の六八五〇億円については、制度を整備した上で措置する。
第二　現行の金融、税制、財政制度及び経済構造全般にわたる改革を行い、併せて金融機関等の諸問題について協議し処理するための特別委員会を設置する。
第三　証人喚問問題については、真摯に対応することを確認し、特別委員会において取り扱うものとする。

第一項は歴史上初の予算総則の修正である。第二項は日本版ペコラ委員会を前提として、とりあえず衆院に特別委員会を設けて活動のテーマを提示したものである。第三項は加藤自民党幹事長の証人喚問である。

天ぷら屋美人女将事件

自民党の党内手続きは、簡単に終わった。しかし、新進党は大紛糾する。根まわし不足といわれるとそれまでだが、小沢党首の側近政治に対する厳しい批判が根にあった。
西岡国対委員長が、米沢幹事長、渡部恒三・総務会長、愛知和男・政審会長に交渉の経過を説明した。肝心なときに米沢幹事長と連絡がとれなくて、事前の話ができなかったこともあったが、西岡国対委員長が自信をもって了承をとろうとしても、三人は理解する能力がなかった。「これでは、住専予算削除要求とほど遠く、国民に説明できない」という仕末である。

西岡国対委員長が、小沢党首に電話して党内事情を説明し、登院して説得を要請したところ、怒った小沢党首は「登院なんかしない。なんのための四役か。党首会談なんかやらない」と言い出した。私が電話に出て、大声で党首の責任を自覚するよう抗議すると、口論となった。側で米沢幹事長と西岡国対委員長が、緊張して体を堅くしている。私は、

「今夜中に合意文は党内手続きをとる。党首会談が開けなければ、国対委員長会談で決着させる。内容を了承したではないか」

と言及すると、米沢・西岡両氏は、

「そんなことを言って、小沢党首が了承しなかったらどうするんだ」

と心配する。

「公党間の約束を守らなければ、国会運営はできません。もし、小沢党首が了解しなかったら、明日、私は参院議員を辞職します」

と言い切った。米沢・西岡両氏は「そこまで腹を決めたか」といって党内説得を続けることになった。

ところが、新進党の幹部は政治センスのなさか、どうしても了承しない。なかにはこの合意文は「保・保連合」への道だと、言い出す輩《やから》までいた。深夜になって、合意事項の内容が報道され、細川・羽田両元首相からメッセージが入ってきた。

「この合意事項で妥協すべきだ」

というもので、四役や幹部たちも、総予算には賛成できないが、採決の審議に参加する条件として、国対委員長会談での合意事項に格下げして了承した。未明になって与野党国対委員長会談を開き、国会は正常化した。この合意でもっともホッとしたのは橋本首相だ。なぜなら四月一四日の米国クリントン大統領来日までに、衆院で総予算を通過させる見通しができたからである。

この合意は、日本の構造改革を実現する第一歩になるものであった。新進党内で正当に評価し、党首会談で合意して日本版ペコラ委員会へと展開していたならば、住専問題も全く別の方向で処理できたはずだ。

五月二〇日、梶山官房長官は記者懇談会で、住専処理関係法案の抜本修正と、日本版ペコラ委員会の設置に期待をつなぐ発言をした。ところが翌二一日、橋本首相と加藤幹事長、佐藤社民党幹事長らの会談で与野党合意を反古にして住専関係法案の原案成立を確認した。

これには裏があった。橋本首相の「天ぷら屋美人女将事件」である。小林豊機・秘書が橋本首相と深い関係のあった美人女将のため、富士銀行赤坂支店からの不正な融資に関わった事件である。加藤幹事長がある財界人を通して小林秘書を取り込み、橋本首相の弱みを握ったという情報があった。橋本首相も加藤幹事長の住専疑惑を隠蔽《いんぺい》することに協力せざるを得なくなったのだ。

この会談でペコラ派の敗北が決まると同時に日本の構造改革が挫折することになる。国家の重大問題の解決が、政治家の犯罪行為を隠すために犠牲になる。この悪循環がこれまでの自民党政治であった。

六月に入って、竹下元首相の話がマスコミから流れてきた。

「ペコラ派が負けた原因は新進党にある。新進党官僚出身議員の抵抗を抑えなかった小沢一郎のリーダーシップが問題だった。いちばん悪いのは平野だわ。わかっていて一郎に進言もせず、動かなかったからだ」

というものだ。頭にきた私は、竹下元首相に近い記者に、

「たしかに私の力不足もあった。しかし、結局は政府与党に利用されたのだ。金融システム、経済構造改革をやると私たちを誘い、一方で住専追加措置で、竹下・宮沢元首相が母体銀行に電話をかけまくり、一兆八〇〇〇億円の有税償却をさせた。出来の悪い自民党の首脳たちを傷つけないようにすることで、真の改革を妨げた。私たちは騙されたと同じことだ」

と話し、竹下さんに伝えるよう要望した。

改革を挫折させた住専国会の失政

住専国会は、日本資本主義が持つ構造的問題を改革し、深刻化する不況から脱する最後のチャンスであった。しかし、橋本首相と加藤幹事長という自己保身しか頭にない政治家が失政を繰り返し、日本国民を奈落の底に落とし入れることになる。

六月に入って、自社さ橋本政権は、消費税を「翌平成九年四月から五％に上げる」ことを閣議決定した。行財政改革を実現させてから行うという公約を破った。さらに、平成九年度予算で、特別減税の廃止、医療費アップ、超低利政策などにより、実質的一〇兆円に上る巨額の国民負担を増やし、不況は金融不安へと、失政を続けていく。

自社さ政権が失政を重ねていく時期、日本の安全保障にかかわる重大問題が進行していた。北朝鮮への米援助をめぐる疑惑であった。平成七年（一九九五）春、地下鉄サリン事件で騒然となった日本で、自社さ政権首脳と北朝鮮代表団が、極秘に合意した問題だ。私は、住専問題で紛糾する最中の平成八年（一九九六）五月七日、参院法務委員会で追及した。ポイントは、①平成七年七月頃から約一〇カ月の間に、北朝鮮の船が援助米を受け取りに日本の主要港（沖縄を除く）三二港に、九九回来港している。この中に二回、大阪と神戸からサリンの原料が密輸出されている。政府は実態を承知しているのか。
②この米援助は、加藤自民党幹事長の事務所の名で二人の人物が関わっていると、外務省局長も認めている。港は国境であり、ここに北朝鮮の船舶が数日間停泊することは、国の安全保障を危くするものだ。何故そのようなことを許すのか。
③新潟港からニセ札の識別機が過去二〇回、北朝鮮に輸出されたとの報道もある。自社さ政権は、法秩序の維持を政権のためと考えている。国家国民のための法秩序の維持を何故考えないのか。

北朝鮮への援助米については、政府部内の海上保安庁、食糧庁、外務省などから多数の内部告発情報が、新進党に持ち込まれた。外国輸入米を援助とする方針が、内地米を持ち出し、日本にキックバックして政治資金にしたという疑惑問題も発生した。北朝鮮エージェントの多い自社さ政権は、新進党の追及を逃げ切った。


北朝鮮問題については、六月に入って公安調査庁の菅沼第二部長から、ホテルニューオータニに呼び出され、

「京都の会津小鉄四代目に、平野さん、会ってくれないか」

との要請があった。理由を聞くと、

「京都の前尾繁三郎先生には、子供の頃から恩がある。恩返しに前尾議長秘書であった平野参

院議員に、自社さ政権の首脳たちと北朝鮮の関係を話したい。平野さんに伝えてほしいということだ。公安調査庁としても情報が欲しい。ぜひ頼む」

という話だった。小沢党首に相談すると、

「相手が相手だ。会わない方が良い」

との意見で断わった。今から考えると、小沢党首に相談せずに会えば、政治を変えることができたかも知れないと反省している。

民主党の結成と新進党の「五つの契約」

九月二七日に衆院が解散となった翌二八日、自社さ政権に不満をもつ旧社会党やさきがけの一部の国会議員五〇名で「民主党」を結成し、菅直人、鳩山由起夫の二人代表制として総選挙に臨むことになる。

平成八年（一九九六）一〇月二〇日、初の小選挙区比例代表並立制による衆院総選挙が行われた。新進党は一五六人を当選させた。改選議席を四つ減らしたが、一万票以内の次点が七〇人いたことは残念であった。過半数を獲った政党はいなかった。自民党二三九人、民主党五二人、共産党二六人、社民党一五人、さきがけ二人、その他一〇人という結果となる。橋本自社さ政権は継続していく。

新進党が不振であった理由は二つあった。一つは、内部不統一による小沢党首への感情的反発で、自民党執行部の中にいた新進党攪乱担当者が内部攪乱に成功したことだ。新進党の中でもそのエージェントが公然と活動していた。総選挙直前に五月雨《さみだれ》式に離党者を出し、国民から新進党のゴタゴタが強く批判されたのである。選挙前に金回りが良くなる反小沢の新進党議員が、何人かいた。

もう一つは、旧公明党・創価学会との選挙協力問題である。住専国会の「密会ビデオ」が、冷酒のように総選挙の時期に効いてきた。創価学会の中には「本当に自民党を敵に回してよいのか」という意見があった。公明党から大臣を出し、池田名誉会長はじめ幹部が政治改革の美名に酔いしれてしまった。それが宗教法人法改正で締め上げられ、暴力団との関係まで暴露されそうになったのである。

総選挙前に小沢新進党党首は、秋谷創価学会会長に、「これまで他党とのいきさつもありましょう。他党を推薦されることは結構です。ただ、約束したことは守っていただきたい」と確認していた。実際は、福岡二区の山崎拓候補（自民）ほか、かなりの選挙区で約束の反古があった。

旧公明党の権藤恒夫・衆院議員は、「あのとき少なくても七選挙区で約束を守らなかった。約束どおりであったら、新進党は躍進して第一党になっていた。小沢党首に申し訳ないことをした」と、私に対して創価学会幹部を批判しつづけて、他界した。

この総選挙で話題となったのは、新進党の公約で、「国民との5つの契約」（マニフェスト）という小沢党首発案の画期的な政策である。

①消費税は三％に据え置き、所得税・住民税の半減を中心に、来年度から一八兆円の大減税を行う。

②財源として、大担な行政改革、地方分権、規制撤廃を断行し、国と地方の経費を二〇兆円以上減らす。

③公共料金を二〜五割引き下げる。

④年金・介護を保障し、老後の不安を解消する。

⑤官僚依存を排し、政治家が責任を持つ政治を実現する。

橋本首相はこの公約を「魔法のようなことはできない」と切り捨てた。構造不況に入った直接の原因は、橋本自社さ政権の国民負担を平成九年に一〇兆円増やしたことによる。新進党の「国民との5つの契約」が実行されていたなら、構造不況は回避できたのだ。現在でも必要な政策である。

この公約で困った問題が一つあった。③の公共料金の二〜五割引き下げ、である。深夜の新進党首脳会談で議論となり、「まったく現実的でない。誰が言い出したのか」となった。

小沢党首が、「たしか平野の意見だ」と言ったがため、「平野を探せ」となり、議員宿舎で睡眠中のところを電話で叩き起こされた。

「公共料金の値下げを言ったのは、平野さんだったよなあ。値下げできる公共料金を具体的に示せと、四役連中が言うんだ」

「そんなこと、私は言っていない。何かの間違いですよ」

「今さら引っこめることはできない。丁度、五つでまとまったから。値下げしそうな公共料金を何か一つでもよいから言ってくれ」

「そんなひどいことを。それなら電話料金なんか、そのうち議論になるんじゃないですか。特に国際電話の料金は問題ありますよ」

と小沢党首とやり合った。総選挙中、この「公共料金引き下げ」が無責任だと批判されて困っていたところ、選挙後半に偶然に「国際電話料金」が問題となり、引き下げ意見が話題となった。まさに「天の啓示」に触れた感じであった。この公共料金値下げ論は島田靖男・慶大教授が発信源であった。

総選挙の開票が終わった一〇月二一日、小沢党首は私に、

「新進党一人一人の議員の志をどれだけひとつに結集できるか。もう一度、細川さん、羽田さんと三人で国民に訴えた五つの契約について話を詰め、同時に全所属議員で今後の路線について論議したい」

と語った。日本の危機にどう対応するか。追いつめられた政治家、小沢一郎の悲痛な叫びであった。

小沢党首は直ちに、細川・羽田両元首相と会談する。二人は小沢の真意を理解しなかった。細川元首相は、新進党を分党して統一会派とする技術的方策で、事態を乗り切ろうとする。羽田元首相は、自民党離党以来の小沢一郎に対するこだわりがあり、新進党離党を考えていた。

事態を深刻に考えた人たちの意見で、小沢・羽田会談が数回開かれた。一回目が終わった後、小沢党首は私に苦笑しながら話した。

「羽田さんの話の半分は、平野さんの悪口だったよ。羽田グループの若手で政治を知らない連中を、平野さんが公式の席や記者連中相手に厳しく攻撃したことや、昨年の党首選で失敗した恨みがあるようだ」

そういえば、衆院副議長に就任した渡部恒三氏から電話で、

「オレを副議長に祭り上げ、党内で物を言わさないよう小沢党首に入れ智恵をしたのは、お前だろう。平野君は一度新進党を離党したほうが全体がうまくいくよ」

とまったく事実でないことを言われたことがある。渡部氏はその後、副議長の椅子の座り心地がよくなり、衆院副議長という国務大臣級の座に執着し、次の総選挙で石井一議員と交代するはずであったが、自民党の野中議員らに働きかけて、居座ったといわれている。

平成八年（一九九六）一二月二六日、羽田元首相は新進党を離党し、「太陽党」を結成した。羽田グループの衆・参両議員一三人が離党した。

総選挙が終わると、国会の内外で小沢潰しが活発化した。もっとも陰湿なのは、竹下元首相の指示で、「三宝会」という秘密組織がつくられたことだ。新聞、テレビ、週刊誌などや、小沢嫌いの政治家、官僚、経営者が参加して、小沢一郎の悪口や欠点を書き立て、国民に誤解を与えるのがねらいであった。現在でもテレビ等で活躍している人物がいて、いまだにその影響が残っている。そんな状況のなかで、激動の平成八年が暮れた。

ナベツネの「謀略」

平成九年（一九九七）は、小沢新進党党首に対する与野党・マスコミあげての批判と攻撃で明ける。通常国会の論戦が本格化し、橋本自社さ政権による国民負担一〇兆円の諸立法の審議が始まった二月、私がからむ問題が発生した。

読売新聞と日本テレビが共同で、新進党について世論調査を行い、「小沢党首は辞任すべきだ」との意見が圧倒的多数だという結果を発表した。私はこれを読売グループによる小沢党首追い落としの謀略と読んだ。議員宿舎での記者懇談会で、酔ったふりをして、読売新聞の記者に、

「渡辺恒雄社長に伝えておけ。小沢党首を追い落とすつもりなら、自民党の長老議員から聞いた若い頃の問題行動を公表するぞ」

と言ったら、これが正確に伝わり、大騒ぎとなる。私の不都合もあって、渡辺社長は私を名誉毀損で告発するといい出した。「結構だ。ナベツネ物語を裁判所でいいましょう」と、対決することになった。裁判の準備のやりとりをしていると、小沢党首から呼ばれ、

「平野さんが私のために、いろいろ活動してくれていることはよくわかっている。しかし、気が強いというか困ることもある。

中曽根さんから心配して電話があったんだ。『渡辺社長が平野君と裁判して得なことは、ひとつもない。なんとか平野君が挨拶に行って、仲直りをするよう頼んでくれ』という話だ。これから自社さ政権ではやっていけなくなる。保保連合の動きも出てきているので、私の顔を立ててほしい」

「わかりました」と言って翌日、読売新聞社長室に挨拶に行くと、喜んでくれた。渡辺社長は、その時期、橋本政権の行政改革調査会のメンバーで、意見書を提出することになってい

た。その手伝いをさせられ、東京ドームの切符を沢山もらった。

　橋本自社さ政権の経済失政が目立ち始めた二月末、沖縄問題が政治問題となった。北朝鮮の緊張も高まり普天間基地返還問題や日米防衛ガイドライン問題、そして沖縄基地特措法の延長問題に社民党が反対で、橋本政権は窮地に立つ。

　三月一日、夜八時、小沢党首に呼ばれ二人でよく使う、東京・四谷の土佐料理〝居酒屋・酒楽〟に行った。小沢党首が大変なことを語り始める。

「実は、さっきまで竹下さんに呼ばれ、話をしてきたのだ。二月末、韓国の済州島でロッテホテルのオープンに、中曽根さんらと招待されていて、これからの日本政治をじっくり語り合った、というのだ。

　騙されることになるかもしれんが、ここは日本国家の存立にかかわるので、乗らざるを得んと思っている」

　話の中心は、橋本自社さ政権の下、自民党の中で、北朝鮮の影響を受けた人たちが執行部を握っている。社民党とさきがけがそれに協調して、日本の安全保障の確立に大きな障害がある。このままでは「沖縄特措法改正案」の成立はおぼつかない。近い将来、政界再編をにらみ、自民党と新進党の中で、経済改革や安全保障において共通な認識をもつグループで、勉強会を発足させたい、というものであった。そこで自民党と新進党の有志が集まって「日本の危機を考える会」をつくり、保保連合への基盤づくりをすることになった。

この「日本の危機を考える会」は、自民党から亀井静香、平沼赳夫、与謝野馨、麻生太郎、衛藤晟一、安倍晋三らが参加した。新進党から藤井裕久、平野貞夫、東祥三、米津等史らが参加して、定期的会合をもった。この動きは「自社さ政権」で紛糾していた沖縄特措法改正案を、保保連合で解決して、政界再編へ展開させようという狙いがあった。

朝鮮半島での有事対策

三月一五日夜、帝国ホテルで行われた中曽根元首相と小沢新進党党首との会談で中曽根元首相から、秋の内閣改造で自民党執行部を一新し、保保連合を実現する方針が示された。安全保障の面で、このままねじれた「自社さ」政権を続けていけば日本は滅ぶ、ということで意見が一致した。

この方針に基づいて、四月二日深夜、橋本首相と小沢党首が会談し、沖縄基地問題について合意文書を作成することになる。翌三日昼すぎ小沢党首から、突然、

「これから与謝野官房副長官と会って、沖縄合意の叩き台をつくってほしい」

「新進党には政審会長もおり、安全保障の専門家もいる。私が出しゃばると、小沢党首の批判になりますよ」

「官邸の梶山官房長官から、与謝野と平野でという要望だ。党内手続きはきちんとするから心配するな」

というやりとりがあり、第一議員会館の与謝野副長官の部屋に行き、三〇分で作成した。

〝政府が、日米安全保障条約上の義務履行に、最終的な責任を負う〟

という文案を含めた三項目の合意を、橋本首相と小沢新進党党首が行った。自民党の野中広務ら「自社さ政権」を続けようとする人たちは「翼賛政治」と強く批判したが、四月一七日、沖縄特措法改正案は成立した。

安全保障問題で揺れた通常国会が終わる六月一七日早朝、南北朝鮮間の非武装地帯で北朝鮮が突然韓国側に発砲し、銃撃戦となる。朝鮮半島が緊張状態となった。ところが北朝鮮と特別な関係をもつ、自民党執行部の一部と社民党を抱える自社さ政権は、朝鮮半島の有事にどうすることもできなかった。

梶山官房長官は、竹下元首相を通じて私に朝鮮半島有事の際、官邸と国会がどう取り組めばよいか、シミュレーションを作成してほしいと要請してきた。自民党執行部がまったく機能しない状況であったのだ。

小沢党首に了解をとって、私は安全保障の専門家、森本敏氏と相談をして、「朝鮮半島での有事発生に対する政治の取り組みについて」という文書を作成して届けた。その要旨を紹介しておく。

1　非常事態発生。

2　総理、官邸に情報を集中させる体制を整備。

3　総理、中曽根・竹下・宮沢元首相を官邸に招請し、国家緊急非常事態への基本方針を協議する（自民執行部、村山元首相との協議は避けること。北朝鮮との関係が深く適切な協議ができない。自民党執行部には総理から基本方針を指示厳命すること）。

4　総理、事態の認識と対応について記者会見。

5　総理、野党党首との会談を要請。救国連立政権の編成について協力を要請。協力すると回答した野党との連立政権を発足させる。

6　救国連立政権の初閣議で、臨時国会の召集と緊急非常事態法案の提出を決定。骨子は、

①緊急非常事態の宣言と対策本部の設置等

②総理に非常大権を付与する体制の整備

③総理に自衛隊、海上保安庁、警察等の実行部隊を直接指揮、命令できる権限の付与

④必要事項について政令で対処できる包括委任の権限付与

⑤主要措置について国会の事後承認

7　韓国、米国、国連等に特使を派遣し情報の収集、協力態勢をつくる。
8　緊急非常事態発生後、四八時間以内に、臨時国会を召集し、緊急非常事態法を成立させ、それより二四時間以内に公布し、施行する。
9　その他（以下省略）

平成九年前後の日本国の安全保障・危機管理の実態は、こういう国家の体をなしていないものであった。いかに「自社さ政権」が不条理で問題があったか、理解できよう。

その後一〇年間に防衛安全保障体制は、形の上では整備されていく。しかし、その結果は守屋武昌・元防衛省次官の汚職に象徴される、防衛利権の腐敗政治であった。

小沢包囲網の動き

七月に入ると自民党の中での対立が目立つようになる。「自社さ政権」を継続すべきと主張するのが、加藤紘一・幹事長、野中広務・幹事長代理、YKKの山崎拓、小泉純一郎らである。保保連合を推進しようとするのが、梶山静六・官房長官、亀井静香らであった。野中幹事長代理は、小沢党首を「悪魔」と呼び、亀井議員に「悪魔と手を握るやつとは、手を洗うまでメシも食わない」と批判して物議をかもした。

八月一五日、梶山官房長官が党執行部の一新を求めて辞意を表明し、政局は一気に緊迫する。保保連合に反対する自民党執行部を一新するのは、小沢党首と中曽根・竹下両元首相との約束であった。その時期は、九月初旬の内閣改造と同時ということであった。竹下元首相が橋本首相を説得して、執行部を一新することになっていた。

その確認の会合である、竹下・小沢会談が八月二五日、東京・九段の料亭で行われた。会談は失敗であった。三月に竹下元首相が約束し、小沢党首を動かして保保連合を仕掛け、「沖縄特措法改正案」を成立させたが、竹下元首相は橋本首相を説得するどころか、加藤・野中執行部から逆襲されたのである。結果として小沢新進党党首は騙されたのである。

九月一一日、内閣改造が行われ自民党執行部は、幹事長・加藤紘一、同代理・野中広務、総務会長・森喜朗、政調会長・山崎拓となり、「自社さ政権」継続の強化となった。

さらにYKKの残りの一人である小泉純一郎が、厚生大臣として入閣した。また、ロッキード事件で有罪判決を受けた佐藤孝行氏を、中曽根元首相が無理矢理に入閣させ、国民が反発したため、辞任した。結果、中曽根元首相の影響力が低下した。自民党内の保保連合派の力が急速に低下する。

自民党の動きは新進党に大きな影響を与えた。一二月には党首選挙が予定されていた。新進党の内部対立は、九月一八日の旧公明党代表の神崎武法の小沢党首批判から始まる。裏には

「密会ビデオ」で創価学会にブラフをかける野中自民党幹事長代理がいた。

旧公明の反小沢派は、小沢党首に対抗して野田毅・衆院議員を口説いたが、断られる。結局、鹿野道彦・衆院議員に声をかけ、党首選への出馬を決意させた。

鹿野議員が出馬を決めるや、与野党にわたり一斉に「小沢包囲網」ができた。まず、羽田元首相率いる「太陽党」が表立って支援した。自民党執行部はむろんのこと、竹下元首相も裏で支援し、さきがけ・社民党も応援した。

新進党の党首選挙が、単に党内の問題でなく、与野党を巻き込み、小沢一郎を党首の座から追い落とし、政治的に葬り去るのか、それを防ぐかという政界あげての総力戦となった。

この時期、橋本自社さ政権の経済政策が失敗し、三洋証券の破綻（一一月三日）、北海道拓植銀行の破綻（同一七日）、山一證券の破綻（同二四日）など、金融危機状況となる。

住専国会の日本版ペコラ委員会で騙され、沖縄特措法改正案で騙され続けた小沢新進党党首は、日本の抜本改革のために「曖昧な談合政治」の紛砕を叫び、談合政治でなんとか生き延びようとする「自社さ政権」と新進党の反小沢派は、小沢包囲網を強化する状況となった。

再び党首選に挑戦することを決意した小沢一郎は、一二月一三日午後、出馬表明の記者会見を行うことになった。同日午後一時、記者会見用の政策の最終調整で小沢党首に会うと、

「党首選に出るのはやめたい。野田毅を口説いて代わりに党首選に擁立してほしい。僕は政治

家を辞めて水沢に帰る」

マスコミも含む悪質な「小沢包囲網」に、耐えられないほど憔悴《しょうすい》していた。

これを元に戻すまでに二時間を要した。最後は、議論を通りこして口論となった。殺し文句は、

「小沢政権をつくって、日本を洗濯しようと苦労を重ねてきた同志に申し訳ないことになる。落選している仲間もいる。佐藤守良先輩は彼《あ》の世で怒っていますよ」

小沢党首は、

「わかった」

と言って記者会見の準備をすることになる。大幅に遅れた小沢一郎の党首選出馬会見の冒頭、「立候補を辞退して水沢に帰ろうと思ったが、思い返って出馬を決意した」と言い出す仕末だった。正直なことはよいが、党首選に決してプラスにならない。スッタモンダしたうえで、再出馬することになった小沢党首は、金融経済危機政策などに加えて、党内改革、旧党派の垣根を取り除き、真の融和を果たすことを公約した。

平成九年（一九九七）一二月一八日、新進党党首選挙が行われた。結果は小沢一郎二三〇票、鹿野道彦一八二票であった。小沢一郎の勝利は、日本再生の可能性を残したと、私は嬉しかった。

「公明」との合流問題と自由党結成

党首選挙が終わると、小沢党首は旧公明党所属議員の集まりである「公友会」と、旧民社党の集まりである「民友会」に解散を求めた。公約に掲げた「真の党内融和」を実現するためである。

ところが、旧公明党との関係で新進党結党以来の懸案事項があった。参院と地方に残していた「公明」との合流問題である。これが新進党解党の原因となる。

平成六年（一九九四）一二月の新進党結成のとき、「公明」は新進党との全面合流を早期に行うと決定していた。その後、時期を平成九年の東京都議選後とすると変更していた。その話が進展せず、協議を続けていたが、党首選の六日前になって「参院比例区選挙のみ公明独自で対応する」との方針に変わった。その裏には参院比例区は、新進党で選挙した場合、拘束式であったため創価学会系の議員の数の確保で不利となる計算があった。翌一〇年は参院通常選挙の年である。

一二月二五日、党首選が終わって一週間ぐらいして、藤井富雄・公明代表が小沢党首と会談して、「参院比例区選挙のみ公明独自で対応する」という方針を変更して、「比例区・都道府県区ともに、すべての参院選挙は公明として独立して行う」と通告してきた。

この結果、政党助成金法等の手続きとして、新進党の旧公明党グループの参院議員一八人は、新進党を分党して「黎明クラブ」を一旦結成し、その後「公明」に合流することになった。この場合、新進党は分党という手続きが必要でありそれは解党である。理論的には、全員が解党状況となり、それぞれの議員が各人の判断で、新しい政党を結成することになる。

新進党執行部としては、旧公明党系の一八人が分党し、残りの新進党所属議員で再び「新進党」を結成することを想定していた。ところが、旧公明党系で露骨に反小沢の動きをした議員数名については、ペナルティーとして新しい「新進党」に参加させず、反省の期間を置かせようとの話が持ち上がった。

この発想の背景には、創価学会の内部抗争があった。実は、誰にペナルティーとして「新・新進党」から外すか、私も参加して創価学会幹部と協議をしている間に、大変なことが発生した。旧民社党系議員の有志が「新党友愛」を結成し、これが引き金となって鹿野グループが「国民の声」を結成、さらに衆院の旧公明グループが「新党平和」を結成することになったのである。

一二月二七日の新進党解党の両院議員総会で、小沢党首は「すべて自分の責任である」として、解党に至る経過を詳細に説明しなかった。私たちは小沢一郎を中心に「自由党」を結成するが、私が記者団に「新進党の解党は、改革への純化路線」であるとコメントしたため、マスコミから小沢一郎の純化路線として、二大政党による政治はどうしたのか、と強く批判されることになった。

自由党という名は、明治一四年に誕生したわが国最初の本格的政党に由来する。私の故郷、土佐の先人が血と汗を流してつくった政党である。私はこの党名に反対した。理由は「また平野が自分勝手なことをした」と言われたくなかったからだ。

自由党には、旧公明党から九人、旧民社党から八人、旧日本新党から三人、残り旧自民党系三四人の計五四名の国会議員が結集した。基本理念は小沢党首の考えを中心に、「日本再構築宣言」をつくり、「官僚主導から脱脚して、国民が主役の社会を創ろう」というものであった。

平成一〇年（一九九八年）となって、橋本自社さ政権はますます失政を重ねていく。私は三月二七日、参議院予算委員会の締めくくり総括質疑で、七つの失政を追及した。

第一は、村山政権の失敗した経済政策を継承し発展させた失政。

第二は、金融ビッグバンの手順を間違えた失政。

第三は、平成九、一〇年と超デフレ予算を編成して、国民から九兆円に上る収奪を行った失政。

第四は、景気対策の手足を自分で縛り、肺炎患者になっている日本経済に冷や水をかける財政改革法制定の失政。

第五は、北海道拓殖銀行、山一證券などの経営破綻、倒産、株安、円安、貸し渋りにみる金融・経済危機を招来させた失政。

第六は、東南アジアの通貨不安、経済危機の原因をつくった失政。

第七は、これら六つの失政をまとめて、亡国政策の推進の失政。

これら七つの失政を指摘し、その典型的例示として企業倒産と経営破綻を主因とする自殺者の増大を取り上げた。

自殺者の増大を国会で本格的に取り上げたのは、これが最初であると思う。平成八年の統計で経済生活問題が原因とみられる自殺者の数は三千人を超えていた。これが翌九年に著しく増大している地方紙の情報を紹介し、「昭和恐慌は子女の身売りという悲劇がありましたが、平成恐慌は自殺者の急増という形で始まっている。この現実をどう思うか」と橋本首相に迫ると、

「国民総資産で見ますと（平成）七年末よりも多少増えているということも、公平を期すならば申し上げるべきものかもしれません」

と答弁したため、

「倒産とか自殺者の話をしているときに国民総資産の話をするとは、不見識だ!!」

と私は大声を出した。

橋本政権は失政の連続であったが、唯一の業績は、菅直人・厚生大臣が断行した薬害エイズ事件の解決であった。

小渕政権と自自連立へ向けての極秘交渉

橋本自社さ政権の経済政策についての最大の失政は、参議院選挙中の「恒久減税」についての発言のぶれが、国民の不信感を高めたことである。

七月一二日に行われた参議院選挙の結果は、自民党の惨敗であった。自由党は選挙前に壊滅すると予想されていたが、比例区で五二〇万票を獲得して政治改革勢力の基盤を残した。私も全国比例区で出馬し、二期目の当選を果たした。

この年の四月に結成された新たな民主党（菅直人・代表）は、大きく躍進した。共産党も議席を増やした。社会党から名前を変えた社民党は二〇議席を一三議席に減らし、存亡の危機に立たされた。自民党は橋本内閣の経済失政が、国民から批判を浴び、大幅な過半数割れとなった。社民やさきがけも連立政権から離れ、参議院で与野党が逆転することになった。

橋本首相は引責辞任し、自民党総裁選が七月二四日に行われ、小渕恵三総裁となり、自民党単独の小渕政権が生まれる。この総裁選に梶山前官房長官が金融問題の抜本改革を主張して出馬した。経世会竹下派の対立であったが、病身を押しての政治家としての最後の挑戦であった。

小渕内閣は長銀問題など金融危機の真っ只中で成立するが、参議院で少数なため、他党との提携を求めて、さまざまな政界裏工作が展開することになる。金融危機の最中、野中官房長官は「悪魔」と酷評した小沢自由党党首と極秘に会談をもち、工作を進めていく。

秋の臨時国会で、民主党の菅代表は「金融危機を政局に利用しない」と、加藤紘一・自民党幹事長と約束する。政府自民党が野党の政策提案を丸のみして、金融再生法や金融機能早期健全化法等を成立させ、金融危機を乗り切っていく。金融危機への対応に、自由党が協力している間に、小渕首相と小沢党首は田中時代や経世会での旧交を温め、日本の抜本改革について意見を協調させるようになった。

一〇月二六日、私は参院の公式派遣で中国等を訪問することになり、成田空港を出発した。現地時間の午後四時に北京空港に着くと、出迎えの大使館員から「小沢党首から、直ちに電話をほしいとのことです」との伝言を受けた。ホテルに着いて電話をすると、

「今夜にも帰国してほしい」

「何の用事ですか。今日は航空便がないが」

「自自連立で本格協議を始めることになったんだ。政治家やマスコミに絶対知られないように、明日の一便で帰国してくれ」

翌二七日に帰国した。参院の議員団には、女房が急病になったという言い訳をした。帰ってから一二日間、旅行日程中日本に密入国したような生活であった。

自民党の交渉相手は、古賀誠、亀井静香、平沼赳夫で、自由党から藤井裕久、二階俊博と私であった。初回の協議、顔を合わせて世間話の中で、古賀自民国対委員長が、

「昨日、宮沢宏池会長と会ったとき、平野さんの話になった。吉田茂、林譲治という土佐の人脈で育ち、前尾議長秘書をやったことでも、宏池会で活躍する人材だ。なんで自由党の小沢さんのところにいるんだと話していたよ」

とまず先制パンチを放ったうえで、こう切り出した。

「協議に入るまでに私の話を了承してほしい。宏池会には自自連立に反対する者が多い。説得するためにも、ポスト小渕は加藤紘一ということを理解してほしい」

極秘交渉というのは、こういう本音の話が出るので面白い。

自由党の藤井、二階両氏は「小沢党首に聞かないと……」と答えない。雰囲気が悪くなる。古賀さんは私に振ってくる。

「平野さんどう思う」

「小沢党首は自分がポストに就くことを目標にしていない。小沢さんが中心となってつくった『日本再興のシナリオ』を自自連立で、実現したいということだ。それに加藤さんが賛同して

くれるなら、異存はないはずだ」

とぶっきらぼうに言うと、二人は「それにしても小沢さんに相談しないと」と心配する。言い始めた古賀さんはニヤニヤしながら、協議が始まった。

初回協議の報告を小沢党首にして、ポスト小渕の話を出すと、小沢氏のコメントは、「当たり前だ。自由党でつくった政治理念や政策が実現できれば、首相は誰でもよいよ」

さて、自自連立の進め方でいろいろ悩みがあった。実は自民党の森喜朗・幹事長はじめ執行部には、自自連立を組む意思がないため、小渕官邸がイニシアチブをとるしかなかった。そのため、「小渕ドクトリン」を作成して、各党に提示し、各党内で議論して回答をもらい、意見がまとまった会派で連立政権を結成しよう、というシナリオであった。

そのため、「小渕ドクトリン」の書き手がいることになる。私が中国訪問から一夜で帰国することになった背景には、野中官房長官から小沢党首に「平野を貸してくれ」との話があったからだ。野中官房長官の魂胆には、「平野に文書を書かせれば、小沢党首は反対しない」との読みがあった。自民党から平沼議員が担当となり、二人で相談して『国政に対する基本的考え方』をまとめた。

このシナリオは幻となる。実は、自自連立の裏の動きを自由党では野田毅・幹事長に伝えていなかった。失敗したとき野田幹事長で党の運営をしてもらうための配慮であった。ところが野田幹事長は、蚊帳《かや》の外に自分がいると思ったようだ。一方、森自民党幹事長は官邸の動きを察し、野田自由党幹事長にもちかけて、二人で「自自連立でまとめよう」と、記者団にリークした。こうして、「小渕ドクトリン」は幻の文書となった。

そこでやり方を変え、小沢自由党党首から小渕首相に「いま直ちに実行する政策」を提示し、小渕首相がこれに同意して、具体的な問題の協議をそれぞれの分野で行うことにして、自自連立に向けての表の協議を行うことに合意した。平成一〇年（一九九八）一一月一九日だった。翌一一年（一九九九）一月九日、一応の政策協議を終え、小渕首相と小沢党首は政策合意書に署名し、自自連立政権を発足させた。

自自連立政権から自自公連立政権へ

自自連立をスタートさせたが、問題を残していた。それは政府委員制度の廃止、副大臣制度の設置、党首討論の導入で、国会審議を活性化するための政治改革に小沢党首がこだわったことであった。この協議の自由党責任者を私が務め、自民党の大島理森議員と勝負していく。

協議が難航したのは「政府委員制度の廃止」だ。官僚制度のシンボルで、旧憲法に規定されて新憲法でも国会法に生かされていた。官僚政治を政治家中心の国会に改革するための「一丁目一番地」であった。私が「政府委員制度の廃止が実現できないと、自自連立は解消となる」

と押しまくり、自民党もどうにか了解し、「政府参考人」という制度をつくることで合意した。

もめたのはそれからで、特別扱いをする官僚ポストで意見が対立した。「会計検査院長」「公正取引委員長」の特別扱いは一致したが、「内閣法制局長官」でデッドロックとなった。これまで政府の憲法解釈のイニシアチブを握り、しばしば政治に干渉したことが、問題となった。小沢党首はじめ自由党幹部は「絶対に特別扱いするな」と、私に指示していた。

ところが、本人の大森政輔・内閣法制局長官は「自自でそんな合意をするなら、直ちに辞任する」と言い出した。野中官房長官が「小沢党首を説得できるのは君しかいないのだ。頼むから智恵を出してくれ。四月から辞められると政府はどうにもならなくなる」と、電話で懇請してきた。

そこまでいうならと、交渉相手の大島議員に談判して、「内閣法制局長官の問題は、与野党の協議の際に決着させることにして、自自協議では結論を出さない」とし、さらに「与野党協議の際、自民党は内閣法制局長官を特別扱いしないという自由党に同意する」との念書を書かせた。

この念書をもって、私が意気揚々と小沢党首の説得に行ったところ、

「政治家をそこまで追い詰めるものではない。結果も大事だがそこに至る努力を僕は評価する。そこまでくれば文句は言わない。それにしても、平野さんは話を詰めすぎて壊す。藤井

（裕久）さんは詰めずに話をつける。足して二で割ると丁度よいのだが……」

　と皮肉を言われた。このあと、「党首討論」の合意を経て、六月末、自民党、民主党、公明党、自由党の四党で「国会審議活性化法案」を提出して成立させた。

　これらの国会改革は、画期的なものであった。小沢党首は自由党の関係者を招いて、ご苦労会を七月初め、九段の料亭で開いた。小沢党首があんまり喜んでいるので、私が酔いにまかせて、

「自民党はすぐ元の官僚主導に戻すよ。日本人の意識を変えるような憲法改正で国会改革をやらんと本当の改革にはならん。喜んでいるときか」

　とぶって、小沢党首と激論になった。

　翌日、米津等史・衆院議員が来訪し、

「小沢党首の指示で来た。本当に心配している。『平野は悪酔いをするようになった。どこか病気だ。命知らずだから強制的に検査入院させろ。言うことを聞かなかったら僕が説得に行く。首に縄をつけてでも、入院させせろ』と言っている。どうか言うことを聞いてほしい」

　と、入院先の病院まで決めてきた。翌日、東京慈恵会医科大学附属病院に検査入院したところ、直腸に七〜八センチのガンが見つかった。通常国会の終了を待って、八月一六日に手術して命びろいをした。

入院中の話を一つだけしておく。全身麻酔をかけると、その後遺症で夢を見ることがあるとのこと。手術後、連日連続して夢を見た。その中に政局を予知するものがあった。港町で野中広務・官房長官に追っかけられ、倉庫の裏でつかまり出港間際のボロ船に連れ込まれた。船酔いでぐったりした政治家たちがゴロ寝をしており、小渕首相や神崎公明党代表らがいた。こんな船では航海できないと文句を言っている間に目が覚めた。

八月下旬に退院して、小沢党首の厳命で「年内は政治に関わるな」ということで九月と一〇月は自宅療養をした。不思議なもので、政治の表裏台から離れていると、全体が見えてくるものだ。この時、公明党を自自連立に参加させるかどうかについて、協議が行われていた。何人かの創価学会幹部から「閣外協力からスタートさせるようにしてほしい。いきなり連立となると抵抗がある」といった意見が私のところにあったが、そのままにしていた。

自自連立政権と公明党の連立協議は一〇月には合意し、自自公連立政権が誕生する。合意の内容は、何のために連立するかという理念的なものはなく、実務的なものばかりであった。それでも、自自公三党で「安全保障基本法の制定」「消費税の社会福祉目的税化」「教育制度の抜本改革」等々、国政の基本問題について、協議して結論を出すことになっていた。

改革の道筋が見えない

一一月になって、自自公連立政権に対する国民の評価が厳しくなる。自由党の支持者から「自民と公明の間に埋没して、小沢一郎の改革理念はどうなったか」という抗議が、療養中の私のところへも届くようになった。

私は一一月四日、国会内で小沢党首と会い、「自自公連立で、改革の道筋が見えないというのが、自由党支持者の大勢の意見です。合意した重要政策の協議を始める雰囲気さえない。これでは次の総選挙で自由党は惨敗するだけですよ」

と率直に意見を言ったところ、小沢党首は、

「自自公連立協議を始める八月に、野中の狙いが見えてきて、離脱を考えたこともあった。全体の流れができていて止めようがなかった。

実は昨年、自自連立協議を始めたとき、梶山から『野中に騙されるぞ、やめておけ』と言われたことがある。自由党は自公連立のための緩衝役の座布団になっている。このままでは駄目になる。

こうなったら、自由党も自民党もいったん解党して、理念と基本政策が一致する人たちで新しい政党をつくり、政界再編に向けて動く。八月以降、僕もそのことばかり悩んでいたんだ」

こうして、小沢党首は二日後から行動を始めた。

一一月六日、小沢党首は自民党時代親しかった数人の政治家と会い、自民党と自由党の両党を解党して、理念や基本政策を同じくする議員で新しい政党結成の必要性を説得した。ところが、この話をある出席者が中途半端に読売新聞の渡辺社長に伝え、読売新聞が「自由党を解党して、自民党へ合流」と大々的に報道した。当時自由党は五〇〇万人を超える支持者がいた。一斉に猛反発を受け、大騒ぎとなった。自由党内でも複雑な動きがあり、扇千景、中西啓介、二階俊博らは、この頃から自民党の野中広務、村上正邦らと気脈を通じていた。

小沢党首は、自由党に対する国民世論の反応を調べる必要があるとして、精密な世論調査を行った。これに積極的に協力したのが小池百合子で、自由党の独自路線を盛んに主張していた。調査の結果は、自自公連立に大多数の国民はうさんくささを感じており、このままだと、自由党は次の総選挙で壊滅するというものであった。

そこで、自由党は連立合意で約束した重要政策の実現を、自民党と公明党に迫った。そのなかには、税制の抜本改革―消費税の福祉目的税化、安全保障基本法の制定、教育制度の抜本改革、地方分権、基本的社会保障の整備などがあった。自民党は、公明党を取り込んでしまえば自由党に用はないとして、協議に応じなかった。これらの重要政策は、一〇年を経た今日でも実現されていない。これが日本の衰退の原因の一つである。

小沢党首は、一二月中にでも連立政権から離れたい意向であった。私は、一緒に苦労してきた二階運輸大臣が正月元旦を大臣で過ごせるよう懇願し、政権離脱問題は翌年に持ち越しすることとなった。

ところが暮れが押しせまった頃、問題が起きた。中曽根元首相と渡辺恒雄・読売新聞社社長が、小沢党首と会って、連立政権から離脱することをやめるよう説得したのである。小沢党首は返事をしない。その時期私は、中曽根元首相のブレーンと自称する元東急エージェンシー会長の前野徹と、小沢党首と親しい清水信次・ライフ社長と、ある団体主催の忘年会で同席した。

前野氏から「小沢党首をポスト小渕として総理とする構想を中曽根さんは提示している。ところが小沢党首ははっきり返事をしない。平野君が政権離脱論者だからだ。わしの祖先は土佐山内家の家老職だった。土着の田舎者が関わる問題でない」と、幕藩時代の話を持ち出してきた。

私には酒が入っていた。こうなると土佐土着人として「いごっそ」の悪い癖が出る。清水氏が止めるのもきかずに、大喧嘩となった。私は中曽根元首相とナベツネさんが、いかに自民党を悪くしたか、保守本流の先人たちから聞いた話をぶち上げた。

前野、清水の両氏は、年明けの元旦、小沢邸を訪れ私のことを徹底的に批判した。小沢党首と中曽根元首相の関係は、私のせいでぶち切れたわけだ。後日、小沢党首は私を呼び「政策協議が実現しなければ、連立政権から離脱する。これから前野さんと口論してもよいが、清水さんとは喧嘩しないように」と、注意を受けた。

連立か離脱か

平成一二年（二〇〇〇）が明け、自民党と公明党は、自由党の政権離脱を防ぐため、重要政策の協議項目の中で「衆院の比例区定数削減」を実現することになる。二〇名を削減して一八〇名の比例区定員とした。これで通常国会開会前の自由党離脱はなくなる。

小沢党首は、小渕首相と個人的に話し合って、なんとか新しい政治を展開すべく、その基本構想づくりに着手する。一月中旬、京都嵐山の〝嵐亭〟にブレーンと合宿した。関西に在住する学識経験者などから意見を聴き、「日本一新!! 新しい国家目標を掲げて」を小沢党首を中心に作成した。

これは、五つの指針、五つの具体策、重点対策で構成されており、基本となる指針は、①日本人の心と誇りを取り戻す。②自己中心的社会から、規律ある自由に基づく開かれた社会に改める。③経済の活力を回復し、だれもが生き甲斐をもって暮らせる社会をつくる。④地球の平和と環境に自ら進んで貢献する。⑤二一世紀を担う新しい憲法をつくる、というものであった。

この「日本一新」構想は、小沢党首が小渕首相に〝新しい日本〟を創る方策として、何回か二人だけの会談で説明した。しかし、自民党内には公明党と連立すれば、国会運営は多数でやれるという考えが強く、問題にされなかった。

自自公連立政権から自由党が離脱するか、政権の中で改革を実現するかの選択は、三月の年度末になってクライマックスを迎える。小沢党首は連立合意の重要政策を協議し、実現するかどうか、小渕首相と神崎公明党代表に確認するため、党首会談を要請した。平成一二年（二〇〇〇）四月一日午後六時から行われることになった。

党首会談の日程が決まった翌日、私は経済評論家の長谷川慶太郎氏に呼ばれ、小渕首相から小沢党首へのメッセージを聞いた。その内容は、

「小沢党首のいうとおり、自民党も自由党もいったん解党して、新しい理念と政策をもとに、同じ考えの人たちで結集して日本を再生させなくてはいけない。

しかし、いまの自民党指導者はそれを理解できない人たちばかりだ。とりあえず、小沢党首の好きなようにしてくれ。総選挙の前後にあらためて相談しよう」

というものであった。小渕首相は小沢党首の考え方を理解していたが、それを推し進める力はなかった。連立を続けるか離脱するかは小沢党首にまかせる、あらためて相談しよう、という伝言であった。

四月一日の三党首脳会談が開かれるまでに、自民党の自由党に対する分裂工作には、卑劣なものがあった。小沢の腹心といわれた中西啓介と二階俊博が「連立政権から離脱するなら小沢党首と離れる」と通告してきたのは、党首会談の二時間前であった。前日まで二人は小沢党首と共に行動すると公言していた。自民党野中執行部の小沢潰しは、深く深く浸透していたのだ。

小沢党首は、中西・二階両氏との会談が終わった後、私を呼び、

「これから党内でいろんな動きがでてくる。一切多数派工作はしないでほしい。日本をどうするのか、すべて自由党所属議員の一人一人の判断にまかせよう。某幹部も悩んでいるが、そのままにしておいてほしい。平野さんはこんなとき、螺子《ねじ》を締めすぎて切ってしまう癖がある。ここでは動かないでほしい」

と厳命を受けた。

四月一日（土）夕刻、首相官邸で、自自公連立のあり方について三党首会談が行われた。翌日の日本経済新聞の報道によると、

小沢自由党党首　三党合意の重要課題はほとんど実行されていない。連立政権は単なる数合わせの野合だと批判されている。今国会中に政策合意を実行するかどうか。

小渕首相　誠意を持って努力してきた。要は政策か。

小沢党首　そうだ。

神崎公明党代表　貴方は連立離脱の話をしている。政策を言われても……。

小渕首相　小沢党首と二人で話したい。

（約二〇分間、二人で話す）

小渕首相　今国会で、合意した政策を実行することは不可能だ。

神崎代表　努力はしたいと思うが、首相と同様に考える。

小沢党首　連立離脱とは一度も言っていない。合意した政策を実行しないことは遺憾である。私の判断を三日の自由党全議員懇談会で伝え、党としての態度を決めて両党首に伝える。

この会談が終わった直後、野中幹事長が一枚のペーパーを、小渕首相に記者団に発表するよう渡した。そこには、小沢自由党を連立政権から切り捨てる意味のことが書いてあった。自民党執行部の意向に逆らえる小渕首相ではなかった。小沢党首に連立離脱の選択をしてもらう方針が、自分で切り捨てることになったのである。

小渕首相が記者団やテレビの前で、この会見を行う様子をテレビ中継で見ていた専門医は、小渕首相の表情に、脳梗塞の初期症状が現われていたと語っている。

深夜、小渕首相は順天堂医院に緊急入院する。そのことを知らない小沢党首と藤井裕久・自由党幹事長と私は、赤坂の居酒屋にいた。小渕首相と二人だけで何を話したか、話題となり、小沢党首は、

「創政会のときの苦労話など、昔の懐かしい話をした。別れ際に握手をしたが、小渕さんの手の温かさと力強さに友情を感じたよ」

と語っていた。

小渕首相が脳梗塞で入院したという発表はおよそ二二時間後の二日午後一一時頃であった。この間、政権内部で何が行われていたのか。

第五章 自公連立政権の亡国政治

平成一二年四月〜平成一八年九月

談合クーデターでつくった森政権

小渕首相の発病については、千鶴子夫人が「文藝春秋」平成一二年七月号に手記を掲載している。参考のため内容を紹介しておく。

四月一日午後一〇時すぎ、応接間にいた小渕首相の左半身が少し麻痺するという知らせを、夫人は秘書から受けている。古川俊隆・秘書官が主治医の久岡英彦氏に電話し、往診してもらう。久岡主治医は、診察して点滴をし、病院で検査することを勧め、二日午前一時頃、順天堂大学医学部附属順天堂医院に入院した。すぐにＭＲＩ検査をして、そのまま病院で休ませることになる。一四階の特別病室でベッドに横たわった小渕首相は、午前中に長女の暁子が来たとき、「ああ、アッコちゃん」と声をかけたとのこと。

夫人は同日午後三時ごろ、総理公邸で久岡医師からＭＲＩ検査の結果について、「長くても一カ月くらい入院すれば、また総理の激職にも復帰できます」との説明を受ける。夫人によれば、青木幹雄・官房長官が見舞いにきたのは、同日の午後七時過ぎで、青木官房長官が帰った後、小渕首相の容態が悪くなったとのことである。

小渕首相が死亡後、順天堂医院の医師団が記者会見した内容は、「小渕総理は入院した時点で昏睡状態であり、四月二日午後七時、青木官房長官が会って『万事頼む』と言われたということは、医学的に不可能である」

というものだ。夫人の手記は、当時の政治状況の影響を受け青木官房長官の説明を正当化するもので、医師団の発表が正確といえる。問題は四月二日に何故医師団は、小渕首相の病状について記者会見をしなかったのか。これが重大な問題点である。

小渕首相の発病・入院から森内閣の成立までの政治の裏を語っているのが、村上正邦・元参院自民党議員会長である。私は「談合クーデター」でつくった憲法違反の政権だと主張し、村上議員会長としばしば論争をした。村上氏とは、主義主張は別に人間として親しい付き合いをしていた。直接森政権工作の話も聞いたし、対談集や著作も読んだ。それらを総合して、まずは、村上氏の言い分を聞いてみよう。

村上議員会長が、小渕首相の病気で倒れた情報を知ったのは、四月二日（日曜日）の午前七時頃である。青木官房長官から麴町議員宿舎の部屋にかかってきた内線電話であった。青木官房長官は村上議員会長の部屋を訪ね、事態への対応を相談することになる。

病状について正確な連絡を受けていない青木官房長官は、相当あわてていて、村上議員会長のアドバイスで、森喜朗・幹事長、亀井静香・政調会長、野中広務・幹事長代理に連絡して、同日午後一時に赤坂プリンスホテルの五五〇号室に、五人が集まることになる。池田行彦・総務会長に連絡しなかったことについて、村上議員会長は「不思議と話が出なかった」と語っている。

問題の始まりはここにある。自民党三役が揃って対応を協議すべき重大問題だ。恐らく宏池会という派閥を蚊帳の外において、新しい政権を談合で固めようという、共通した思いがあったのであろう。予定どおり五人が集まり、談合が始まった。

この時点で、青木官房長官は小渕首相に面会できなくて、首相秘書官や主治医からの電話で容態を聞く程度であった。詳しい病状が分からないまま、五人は話し合いに入った。最初に一致したのは、発表をできるだけ遅らせ、その間に後の体制（ポスト小渕）を打ち合わせしておく必要があるということであった。五人の頭の中には、小渕総裁と総裁選挙を争った加藤紘一・元幹事長の動きを封じておく必要があったようだ。

次の問題は、首相の臨時代理を誰にするかということである。村上・野中両氏が「青木官房長官がやるべきだ」と主張。青木官房長官が「宮沢副総理にお願いしては」と、意見が分かれたが、青木官房長官を臨時首相代理とすることが固まる。

同日午後五時頃、五人のところに「小渕首相再起不能」との情報が入り、後継首相をどうするかの談合に入る。そして五人で森幹事長を後継とすることを、宏池会や他の小派閥を外して固めてしまったのである。そして青木氏と野中氏は、別室で創価学会の秋谷栄之助・会長と、八尋頼雄・副会長に電話で説明して了承をとったとのことである。

小渕首相の病状を国会や内閣そして国民に隠しておいて、内閣総理大臣という最高の地位を、自分達の派閥の政治利権の利害で、事実上確定し、宗教団体の代表者に了解を求めるという政治手法は、憲法原理はむろんのこと、人間社会の道理としても許されることではない。自民党と公明党のドロドロした政治文化の本質がここにあるといえる。

憲法は正しく解釈されたのか

その日の午後七時、青木官房長官は順天堂医院で、小渕首相と会う。そして午後一一時に記者会見して「首相が過労のため緊急入院した」とだけ発表した。翌三日（月曜日）午前になって青木官房長官は「病名は脳梗塞」と発表し、「有珠山の噴火対策もあり、小渕首相から官房長官が首相の臨時代理の任にあたるよう『万事頼む』と指示された」と述べた。

村上議員会長は、同日、新世紀政治研究会（参院議員でつくるグループ）の朝食会で、五人組で話し合って後継は森幹事長と決まったとの経過を説明した。それを朝日新聞が翌四日の朝刊で報道し、「密室五人組の談合」で次期首相が決まったことが明らかになる。

以上が、村上議員会長が語ったことを整理したものである。この見聞録にある青木官房長官の言動に嘘があり、これが日本の政治を劣化させ、議会政治を崩壊させた元凶である。

青木官房長官が、まずやるべきことは、四月二日のなるべく早い時期に、順天堂医院医師団による小渕首相の病状について、記者会見によって公表すべきであった。これを行わず五人組で「発表をできるだけ遅らせた」ことは犯罪的行為である。ポスト小渕の体制づくりに談合が必要であったからだ。また、青木官房長官を首相臨時代理とすることを、五人組で固めたのは二日の午後一時頃であるが、そのことで青木官房長官は重大な嘘をついている。

二日の午後七時、青木官房長官が小渕首相と会った際、『万事頼む』との指示が首相臨時代理となった公式な根拠とされていた。これについて、小渕前首相の死亡直後、医師団が記者会見した内容は、先述したとおり、

「小渕総理は入院した時点で昏睡状態であり、四月二日午後七時、青木官房長官が会って『万事頼む』と言われたことは、医学的に不可能である」

というものだ。青木官房長官は首相臨時代理の指定は受けておらず、内閣・国会・国民に嘘をついたのである。憲法上の手続きとしては、臨時閣議を開き病状を報告し、臨時代理を閣議で決めるべきであった。その上で、自民党の三役会議、総務会等の機関で総裁選挙の手順を協

議して、ポスト小渕を決定していくのが、正当な政党政治であり憲法政治である。

小渕内閣は四月四日総辞職し、翌五日森新内閣が成立する。自民・公明に、自由党から分裂した保守党の三党による連立政権となった。自由党の分裂については後で述べることにする。小渕首相が昏睡状態で入院し、後継の森内閣が成立するに至る経過に、憲法上の正当性がないことを指摘しておく。

青木官房長官が、小渕首相から臨時代理の指定を受けずに「万事頼む」と、指定されたと嘘をついたことは、憲法に違反した行為であることは論をまたない。医師団の公式記者会見を適切な時期に行っていないことが、憲法運用上の問題点である。五人組の談合を成功させるためであり、民主政治や憲法を冒瀆したもので許されるべきことではない。

次に、首相が意識不明の状態を、憲法第七〇条は「内閣総理大臣が欠けたとき」とすることに想定していない。にもかかわらず青木官房長官は「医師団に確認し、私が憲法第七〇条による本人が欠けたときという判断をした」と国会で答弁した。これは憲法の拡大解釈であり、偽りの首相臨時代理にその権限はなく閣議において行うべきことであった。

四月二五日、私は参院予算委員会で、小渕前首相の病状経過などの十分な情報が開示されていない中で、次の趣旨の指摘を行った。

・憲法運用を乱用したことは、小渕総理の人間としての尊厳を冒瀆したことだ。
・事実を追うと、小渕総理が脳梗塞で入院し、意識不明という状況にもかかわらず医師団の公式発表も行わず、五人組が藪の中で談合して自分たちの権力維持のため青木官房長官を総理臨時代理とし、憲法第七〇条の拡大解釈をさせて病気の総理を「欠けたもの」とし、総辞職させて、森喜朗氏を首相とする内閣を成立させたのだ。このやり方は一種のクーデターだ。談合クーデターだ。
・森内閣のつくり方に憲法上問題がないと主張するなら、このやり方で、健康な総理を病院に拉致して意識不明として、医師団に真実を発表させなければ、どんなことでもできる。
・森首相の首班指名で、衆院で何票、参院で何票を得て、過半数で指名されているから正当性があるといった問題ではない。医師団の公式発表が無いこと、小渕総理の臨時代理の指定、小渕内閣総辞職、後継者として森氏を選ぶプロセスに憲法政治を破壊した行動があった。実に深刻な問題が、今日の日本にあることを指摘しておく。

これらの私の発言の中で「総理を病院に拉致して……」という部分を不穏当として、自民党は取り消しを要求してきた。私は、例示として言ったものだとして応じなかった。その後、私は「森政権は憲法政治を破壊して談合クーデターでできたものだ」と、参院本会議や法務委員会で機会あるたびに発言した。自民・公明・保守の三与党は、私の言動は森政権の正当性を国民に疑わせると危惧し、予算委員会の発言を委員長職権で取り消した。

取り消された発言を、その後も続けたため自公保三党は、私を懲罰委員会に付する動議を提出した。国会における議員の発言権を、自己に不利として封殺するという、これも憲法政治を踏みにじるものであった。私は懲罰委員会で森政権の反憲法性を論じるべく準備したが、六月二日に衆院は解散となり不発となった。

森政権に正当性がないことに、強い抗議を主張した政治家は、菅直人・民主党幹事長と小沢一郎・自由党党首であった。期せずして森政権の成立を「クーデターのようなものだ」と、私と同じ認識をしたのが、石原慎太郎・東京都知事であった。学識経験者やマスコミ論調からは、憲法政治崩壊という認識の意見は少なく、議会民主政治の劣化を実感した。

保守党の結成と政党助成金問題

四月三日(月曜日)、青木官房長官が小渕首相の病状を「脳梗塞」と発表した時点に、話を戻そう。同日午後、自由党両院議員総会が開かれ、連立離脱が決まった。自民党の野中幹事長と公明党の藤井富雄・東京都議が協力して、自由党所属の衆院議員に対し、創価学会の選挙協力を条件に離党を画策した。

その結果、自由党国会議員のうち二五名が離党し、「保守党」を結成、扇千景・参院議員が党首に就任した。そして森自公保連立政権に参加していく。扇千景、中西啓介、二階俊博、野田毅らは、前年秋以降、自自公連立維持派で、自民党の幹部と小沢党首からの離反工作を画策していた人たちであった。自由党に残った人たちが困惑したのは、「小渕首相を病気に追い込んだのは、小沢一郎だ」と、マスコミを総動員した小沢叩きのキャンペーンであった。

小沢党首は「自由党を離れるかどうかは、すべて議員個人の見識にまかせよ」と、指示していたが、一人だけ例外があった。それは小池百合子・衆院議員であった。昨秋以来、自由党の独自路線を主張し小沢党首に協力していた。自由党の広告塔の役割をしており、小沢党首は小池議員と親しい党事務局のスタッフに、自由党に留まるよう説得を指示していた。

四月二日深夜、八尋護・事務局長から私に電話があり、

「小池さんの説得に失敗した。小沢党首から直接、次の総選挙で近畿ブロック比例一位にすると、口説いてもらうしかない。小沢党首を説得してほしい」

と懇願された。深夜、小沢党首を電話で起こし説明したところ、

「私は何もしないつもりだったが、小池さんに電話するよ」

と応じてくれた。一〇分ぐらいして、

「話をした。小池さんから自由党が比例区で当選者を出せると思っていますか、と言われた

よ」

との電話があった。私は「しまった」と反省した。電話をさせるべきでなかったと。しかし、総選挙の結果は、近畿ブロック比例区で自由党は二名を当選させた。

自由党を離党して保守党を結成した人たちは、政党助成金など政治資金の分配を要求してきた。小沢党首は、これまで同志であったことから適切な配分を考えていた。藤井裕久・幹事長も同調していたが、副幹事長の私が、

「分党解党とは違う。政党助成金は直近の参院選の比例票を算定基準としている。それを自民公明の画策で離党した者に配分することは、国民主権の原理に反する」

と理屈を言って反対すると、小沢党首は、

「こんなとき理屈を言って、僕の評判を悪くするのが平野さんの癖だ。残った全議員の意見を聞こう」

となる。結果は配分しないことになった。扇党首と野田幹事長の待つ部屋に、藤井幹事長に同行し、私が配分しない理由を論じたところ、大論争となった。自公民三党は「小沢党首は強欲だ」と批判キャンペーンを展開したが、原因は私にあった。

平成一二年（二〇〇〇）六月二日、森首相による自公保談合連立政権は、衆院を解散、六月二五日に総選挙となった。世間は、小沢自由党はこの総選挙で敗北確実と評し、小沢一郎の政

治生命最後の総選挙といわれた。この選挙の実態がわかる話を一つだけ紹介しておく。

投票日の二日前、六月二三日、埼玉県上尾市で街頭演説をしていた私は、急に小沢党首に呼ばれ、午後七時頃、自由党本部に着くと、

「今夜一一時からのTBSの〝総選挙に挑む各党の態度〟に出てくれ。相手は野中自民党幹事長らだ。藤井幹事長は、同時刻のテレビ朝日の党首討論に私の代理で出る」

これは「野中と論争せよ、闘ってこい」という指示だと覚悟して、TBSに出かけた。与党側は野中幹事長、冬柴鉄三・公明党幹事長、野田保守党幹事長で、野党は菅民主党幹事長、志位和夫・共産党書記局長という面々がいて、位負けを感じた。

野中幹事長の先制パンチは、保守党への政治資金を配分しない小沢党首への批判だった。これは国民主権論でしのいだ。盛り上がったのは、森喜朗氏の首相としての資質の話になったときであった。私は、例の自民党五人組の森談合政権の違憲性について厳しく批判し、

「私の人生の師、衆院議長だった前尾繁三郎先生は、『政治家である前に人間であれ』と日頃言っていた。森さんは首相という以前に、人間としての資質に問題がある」

と指摘すると、前尾先生の京都での後継者を自認する野中幹事長が興奮して、

「平野さん！ だいたい小沢さんが自民党を出て新生党をつくり、細川政権をつくったときから日本の政治が混乱し出したのですよ。あなた自身、小沢さんのいちばんそばにいて、とうと

う自由党をこんなに小さくしたんじゃないですか。小沢さんを誤らせたのは平野さんですよ」

平成四年、私が参院高知地方区から出馬するとき、当時、自民党総務局長であった野中さんに、親身になってお世話になった。竹下派の利権を発展させるため、私に対する期待が大きかった。その私が一年もたたないうちに、小沢一郎の側近として、自民党政権潰しをやったわけだ。いわば裏切った人間として、許せない感情をテレビでぶっつけたものであった。私は渾身《こんしん》の力をもって反論した。

「日本を改革し、歴史を進歩させるため、小沢党首は七年間にわたり改革運動を進めてきたのですよ。歴史の流れの足を引っ張るあなたたち守旧派との戦いでした。小沢党首の行動が正しかったか、まちがっていたのか、選挙の結果を見ればわかることですよ」

この番組は中継の予定であったが、野球中継が大幅に遅れたため、収録の一時間後から放映された。何故か、私の反論部分だけがカットされていた。言論の自由を脅かす不吉な力を感じた。

総選挙の結果、自由党は二二人の当選者を出し、比例区で六五八万九四九〇票を獲得した。保守党は七人しか当選者を出せなかった。自民党は現有議席を大きく減らし、公明党・保守党との連立で森政権を続けることになる。民主党も政権交代を期待できる状況ではなかった。

加藤の乱

森首相は就任以来、数々の放言で批判を受けていた。「日本は天皇を中心とする神の国」という発言などである。総選挙後、自民党内部からも危惧する声が強くなる。この年一一月二〇日、野党は「森内閣不信任決議案」を提出し、加藤紘一グループが同調するかどうかという「加藤の乱」が起こる。

当初、小沢一郎が仕掛けたといわれたが真実ではない。民主党の幹部たちと相談していたようだ。小沢党首は一〇月末、カナダで開かれた「自由主義インター」に出席するため出発する日に、「何かあったらすぐ帰るから連絡するよう頼むよ」と言って出かけた。

何かと動きがあったが、そのままにしていた。加藤側近の金子一義・衆院議員から「内閣不信任票への対応とか、(政党を出る)政治家としての処し方についてアドバイスしてほしい」ということで、何回か会った。一一月五日、某政治評論家を通じて、山崎拓氏が「小沢さんに会いたい」といってきたので、帰国予定の八日をセットした。連絡して予定より早く帰りマスコミに知られて誤解されるより、帰国後に話そうと思い知らさなかった。

翌六日、小沢党首から電話があったので「ロンドンからですか」と聞くと、「今日帰って党本部だ。何か動きはないか」と機嫌が悪い。すぐ党本部に行き、山崎拓氏の話をして、会う段取りを決めた。八日に小沢—山崎拓会談となり、山崎拓氏は加藤紘一本人を連れてくるつもりであったが、別の予定を優先させて参加しなかった。

一方、金子議員が再三、政党を離れるときの実務的な相談をしてくるので、「加藤さんに伝えなさい。直接小沢さんに電話で相談した方がよいと。過去のことにこだわっていない。私から電話があると言っておくから」と伝えておいた。

二日後、小沢党首から「加藤から電話があったよ」と機嫌がよい。「すみません、私が伝えることを忘れていました」と言うと、

「いいよ。いろんな話をした。山拓は腹を固めているが、加藤はまだ腹が決まっていないようだ。『決断がついたら、いつでも相談にのるよ』と言っておいた」

しかし、その後何回か連絡があったが、決断らしいことはなかったようだ。

森内閣不信任決議案は、一一月二一日に衆院本会議に上程され、否決された。加藤氏が最後の一歩を踏み出すことができなかった。野中前幹事長やＹＫＫの同志、小泉純一郎に反対され、北朝鮮問題などを持ち出されたとの話がまことしやかに流された。「加藤の乱」は不発となったが、池田勇人以来の宏池会は分裂することになる。

「加藤の乱」の余韻が残る一一月二七日、参院憲法調査会で私は、参考人として招致した評論家、加藤周一氏と、憲法第九条について議論をした。私の意見を加藤先生が条件付で認めたところを紹介しておく。

加藤参考人は、第九条の護憲論で著名である。社民党の土井たか子委員長の推挙で、参院憲法調査会に出席したいきさつがあった。加藤氏は意見陳述で、

「小沢一郎の憲法九条論、国連中心主義は、平成二年の湾岸戦争のとき、間に合わせ的につくった理論だ」

という趣旨の発言をしたので、誤解を解くため、私が加藤参考人に質問した。

平野 加藤先生の「憲法を現実に合わせるな、憲法に現実を合わせろ」との指摘はそのとおりです。しかし、九条の問題は実は憲法をつくった帝国議会で、南原東大総長が貴族院で提起しているんです。九条を評価したうえで、日本が国連に入って活動するとき問題になると論じています。

日本は国連に入るとき、太平洋戦争を反省しその責任として、国連の機能を整備するために、最大の努力をすべきである。そのため、国連に警察機能・国連常設軍といったものができたとき、その活動に参加して、積極的に世界の平和維持、困った人を助け、人道的活動をすべきだ、という意見です。南原東大総長は、「国連加盟のとき、憲法を改正するのか、この九条で対応するのか」と、吉田首相と金森憲法大臣に質問しています。両者とも明確に答弁していません。

私たち自由党では、普通の国とか新しい憲法を創るという主張をしていまして、誤解されやすいのですが、この南原先生の九条整備論を主張しているのです。確かに国連の機能には限界はあります。しかし、国連をよくしていくしか方法はありません。私たちは、憲法九条の精神を変えようということではなく、より整備していこうというものです。

加藤周一参考人　今のご意見の方はほとんど賛成なんですが、ただ条件つきでね。その国連軍というものに参加する道を開くべきだとおっしゃっているわけでしょう。それはそのとおりだと思いますね。

ただし、その国連軍は今はないわけですね。国連軍ができるような条件をつくらなきゃ、国連軍が本当に機能するときは、国連が世界政府に近づいているときでしょう。ただ、国連以外に国際的機関はない。だから、できるだけよくするより手はないというのも賛成だし、世界政府の方向へ動いていった段階で国連軍ができるとき、日本はそこに軍隊を入れることは大いに考えるべき問題だと、それも賛成です。ただ現在の段階としてははるかに遠いですよね。遠い先の話としてはおっしゃることはほとんど全部賛成だけれども、現在の段階としてはちょっと離れていると思いますね。

加藤周一という護憲の天神様のような人物が、私の意見に賛成したことに驚いた。「国連軍ができるようになれば、日本も参加を考えるべきだ」という私の論に賛成したのだ。遠い先のことなので、軍備することを急ぐなという条件はあった。しかし、国際政治の現実として、事実上国連が機能する場合もあり、しない場合もある。遠い先のこととして状況を待つことでは、政治にならない。

自由党は、一二月一三日、小沢党首が再選した日に記者会見し、「新しい憲法を創る基本方針」を発表した。これは、憲法条文の具体的改正案でなく、新しい憲法を創る基本方針を示したもので、「現行第九条の理念を継承する」とした。これが各方面で話題となった。わが国の安全保障の基本について、

「国連による集団安全保障体制の整備を促進するとともに、国連を中心としたあらゆる活動に積極的に参加する。さらに日本が率先して国連警察機構創設を提唱する。(中略)

日本が侵略を受け、国民の生命及び財産が脅かされる場合のみ武力により阻止することとし、それ以外の場合には、個別的であれ集団的であれ自衛権の名の下に武力による威嚇またはその行使は一切行わないことを宣言する」

とした。この考え方に関心を持ったのが、社民党のシンクタンクである「社会文化センター」だ。その弁護士グループが、自由党のまとめ役だった私を呼び、討論会を開いてくれた。

平成一三年(二〇〇一)となるや、森首相の「総理の資質」は、多くの国民から烙印《らくいん》を押さ

れ、支持率は九%となる。さすが自民党でも政権維持は無理と判断するようになる。森政権の末期に問題となったのは、内閣と外務省の報償費すなわち機密費問題であった。四月二日の参院決算委員会で、私は当時の福田康夫・官房長官に、マスコミが報道した内閣機密費の野党対策など、国民が不信に感じており、「使途を内閣が説明すべきだが、できないというなら、会計検査院が検査しているのだから、国会に報告させるべきだ」と要求した。

福田官房長官は、「これは報償費を公開することになり、重大な支障をきたすので困難であり、できないということです」と拒否した。私は、平成九年の国会法改正で、「議員または委員会で必要があるときは、会計検査院に対して特定の事項について検査の結果を報告させることができるようになっている」と指摘し、制度上できることを拒否するとは何事かと追及した。

その上で、「あなたのお父さんは、こういうことに対して律儀な立派な政治家だった。森内閣が退陣するなら最後にこういう善政をやってほしい」と要望した。時間がなくなり河野洋平・外務大臣に対する質問をせずに、決算委員会は散会した。委員室を出ると福田官房長官につかまり、「貴方なら私がいま一番苦労していることがわかるはずだ。河野外相には質問せず、父のことばかり誉めて……」と文句を言われた。

小泉首相が展開した亡国政治

自民党は、こともあろうに通常国会の真っ只中、四月二四日に総裁選挙を行うことになる。森首相の資質や失政により政権を変えようということだ。与党内の政権交代で「憲政の常道」からいえば、野党第一党の民主党が政権を担当すべきことであった。野党にその主張がなかったのは、小泉純一郎候補が勝つことはない、という予見があったからだ。その場合、自民党内の小泉支持派と一緒に離党して、民主党と連携していくという見方があった。

事実、民主党の首脳と小泉候補は総裁選挙中に極秘に会っている。「自民党を壊す」と息巻いて八〇%の支持で、自民党総裁に当選するとは誰も予想しなかった。ライバルの橋本龍太郎候補は「靖国神社参拝」を公約した小泉候補に「宗教を政治に利用するとは、常識に欠ける」と怒ったが、後の祭りであった。

この時期に小泉内閣というおかしな政権ができた理由は何か。私にはどうしても理解できなかった。橋本内閣ならすぐ自民党は壊れたであろう。この疑問は三日三晩考えて解けた。それは田中眞紀子・衆院議員を媒体とする日本人の「集団異常心理現象」というものであった。

日本人は平均六〇年周期で「集団異常心理」となる、というのが私の説だ。六〇年昔の一九四一年、日本人の九〇%が賛成して、太平洋戦争が始まった。その約七〇年昔は、幕末の「ええじゃないか」と踊り狂う民衆運動が起こっている。その約四〇年前には「文政のおかげ参り」が起こり、五〇〇万人が伊勢神宮に参拝した。

その日本人の集団異常心理を引き起こしたのは、田中角栄・元首相の竹下経世会に対する怨念であったと、私は深層心理学的に推論している。田中眞紀子議員の応援がなければ、小泉政権はありえなかった。政治が怨霊で動かされている思いがした。しかし、怨霊の力にも限界があった。一年足らずで小泉政権は田中眞紀子を政権から追い出すことになる。

小泉首相が国民的人気を得たのは、就任直後の「ハンセン病熊本地裁判決の上訴問題」の断念であった。熊本地裁の判決は憲法上正当なものである。上訴断念を政治的パフォーマンスに利用した小泉首相が問題である。行政手続きとして断念すべき性格のものであった。

参院決算委員会で、私が「ハンセン病判決の上訴断念は政治判断か、行政判断か」と迫ると、小泉首相は「そんなむずかしい質問はしないでほしい。人間として判断した」という始末だった。要するに「ハンセン病患者」に対して、国会も政府も不作為的に憲法違反していた問題を、いまさら「人間として判断」とは、人気を上げるのによいチャンスとばかり、支持率を上げることに利用したのである。患者の人権を冒瀆したものであるが、これをマスメディアが賞賛するという異常さであった。

小泉首相は「改革なくして成長なし」をスローガンに、構造改革の推進者として財界やマスコミから評価されている。実態は、自民党総裁選の間際に竹中平蔵・慶大教授から、にわか勉強した代物である。竹中氏を経済財政政策担当として入閣させ、竹中大臣のシナリオによるものだ。その竹中大臣に私は、「構造改革」のあり方について議論を仕掛けた。六月四日の参院決算委員会であった。

私は、「地球文明の寿命」という点から、いまの日本人の生活レベルを全人類がするとなれば、地球があと五箇いるという論を紹介し、小泉構造改革は単に経済や財政の再生ということだけでなく、文化文明論そして、経済効率ばかりでなく、環境や資源の限界に対して生活の改革という総合的な面から考えるべきだ、と主張して所見を求めた。

竹中大臣は、過去に成長の壁がいろいろ議論されたが、技術の進歩でしのいできた。私たちは実践の中で工夫を重ねていくことで、豊かさと新しい社会のあり方を模索していくことを、次の世代に伝えていくことで対応できるとし、それに対して私は、

「情報社会は、展開のしようでは資本主義を壊すかも知れない。インターネットを中心とする情報社会は、人間の神経を皮膚の外に出したようなものだ。それで排他的競争をやれば人類は亡びる。米国の市場万能主義の真似をやめ、新しい倫理観、道徳といった人間の生き方をつくらないと、本当の構造改革は成功しない」

と論じるも、竹中大臣からは答えはなかった。

「守るべきもの」と「削るべきもの」

小泉内閣がスタートして話題となったことのひとつは、塩川正十郎氏が財務大臣に就任したことであった。森内閣時代に引退を前提に「塩爺」という愛称で、テレビなどで気軽に政界の裏話などをしていた。内閣機密費が問題となった時期、野党対策に使っていたなどと発言し、政府与党から批判を買った。その当人が財務大臣となり、野党から追及される羽目になった。塩川大臣は「忘れた」「取り消したい」「深く反省する」と逃げていた。参院決算委員会で、私が追及することになる。

平野　塩川大臣が取り消した話は真実だ。福田赳夫政権ができたとき、塩川さんは官房副長官。官房長官が園田直さんで、私は衆院副議長時代の秘書をやっていた関係で、園田官房長官の下で塩川副長官がいろいろ活躍していたことを聞いている。

それから副長官を辞めて、衆院の議運（議院運営委員会）の筆頭理事になられた。細田吉蔵委員長の下で、北欧と東欧に海外旅行して私がお供をした。野党の議員に何かと塩川さん気を遣われ苦労され、それを手伝ったことを憶えていますよ。

中曽根内閣の頃には、議運班の海外旅行でドイツのボンから、当時の後藤田官房長官に、越智議運委員長の指示で与野党連署で礼状を、私が書かされましたよ。「いろいろ御高配いただいて順調に旅行は進んでいます」と。塩川大臣がテレビや雑誌でいったことは本当なんです。否定なさるんですか。五五年体制の悪いところは反省して、新しい政治の出発をすべきですよ。

塩川財務大臣 平野さんはそこまで言うたらもうみんな知っているんだから、僕のことは。だから、それはあれを言え、これを言えということになるんでしょうけれども、私もやっぱり中身はちょっと触れることは勘弁していただきたい。

とシャッポを脱いだことがあった。

小泉内閣は、ハンセン病判決を政治的に利用して、世論の支持を得た後、構造改革の断行を看板に第一九回参院通常選挙に臨むことになる。私が小泉首相に真の構造改革をする気がないことを確信したのは、この平成一三年七月の選挙であった。

自民党の青木幹雄・幹事長が、参院選挙告示日、地元の松江で、

「私は小泉さんの改革は支持するが、改革の中身については選挙が終わってから決めることになっているから心配しないでくれ」

と演説した。

この発言を、私は選挙中に行われたＮＨＫの各党討論会で本人に、真意を糺《ただ》した。

「守るべきものを守り、削るべきものを削るのが自分たちの改革だ。小泉さんはそれをするということだから支えるんだ」

と青木幹事長は平然と答えた。「守るべきもの」と「削るべきもの」特に道路問題の改革を決めるのは、最大派閥の橋本派である。小泉首相と青木幹事長との間では、真の構造改革を断行しないことで話をつけていると感じた。

参院選挙は自民党が選挙区で四四名、全国比例区で二〇名、合計六四名の当選者を出した。前回の平成一〇年の参院選で四四名の当選者であったので、小泉ブームの大勝利であったが、それでも単独過半数には及ばなかった。

参院選挙後の臨時国会が終わった日の八月九日午後三時頃、山岡賢次・自由党国対委員長から電話があり、午後五時に全日空ホテルの「花梨」に来るようにとのこと。要件は小沢党首が大事な人と会うことになっているが、都合で遅れるので相手をしておくように、ということだった。指定の場所に顔を出すと、民主党の菅直人、江田五月さんたちがいた。「失礼しました。部屋を間違えました」というと、「ここですよ」と江田さんがいう。

小沢党首が来るまでの話題として、小泉首相をどう考えるべきかが持ち上がり、私が、「構造改革の目玉として出した『骨太の基本方針』は偽物です。わずか三〇頁のなかに、『検討する』という言葉で結んでいる箇所が九〇カ所近くもある。参院選挙で勝つため、改革、改革と騒いだだけです。自民党の延命グループ代表の青木さんとは手打ちをしていますよ」

　と興奮気味でぶっているところに、小沢党首が顔を出し、小泉首相の人物論の中に入ってきた。

　この時期、自民党の中には小泉首相は本当に自民党を壊すと、考えている人たちもいた。民主党にもそれを期待する人たちがいた。小沢党首も菅さんも、小泉首相についての情報を持っていて、道路問題などで予算編成のとき、自民党の守旧派を切るため解散もありうる、小泉首相が自民党を割る可能性もありうるとの見方をしていた。

　私が「見方が甘い。野党の首脳がそんな認識ではだめだ」と、大きな声を出すと、小沢党首が「僕はあんたより小泉との付き合いが古い。性格を知っているんだ」と、激論になった。すると菅さんが、

「自由党は、小沢党首の独断でやっていると思っていたら、実際は自由な議論をしているんですな」

　と水を入れて収まった。

小泉VS抵抗勢力

九月一一日には、米国で同時多発テロ事件が発生した。米国は、ブッシュ大統領を先頭に、

太平洋戦争での真珠湾攻撃のときのように、激変した。アフガニスタン攻撃さらにイラク戦争と、世界でテロ撲滅のための戦争の緊張が続く。世界中で、ブッシュ大統領の影響をもっとも強く受けたのは、日本の小泉政権であった。

九月末、民主党の熊谷弘衆院議員から連絡があり、国会図書館の議員専用室で会う。

「加藤紘一さんからの情報だが、小泉さんは暮れの予算編成で自民党を割る。ついては大連合政権をつくりたいので、小沢さんとの連絡パイプ役になってほしい」といってきた。小沢党首に報告すると「大連合はありえないが、しばらく相手になってやれ」とのこと。しかし、小泉首相は私の予想どおり、一二月の予算編成も道路族と談合し、自民党を割るどころか、抵抗勢力との共存体制を強化していった。

小泉政権に対して、自民党を割ることを期待していた民主党は、平成一三年の暮れにはその可能性なしと判断した。民主・自由・社民の三野党の連携を強化して、小泉自公政権を打倒する戦略を明確にしていく。

平成一四年が明け、小泉内閣で内部抗争が始まった。外務大臣に就任した田中眞紀子と、外務省事務当局との間にさまざまな軋轢《あつれき》が生じたのである。それを外務省側の立場で調整しようとしたのが鈴木宗男衆院議院運営委員長であった。一月二九日、小泉首相は田中外相と野上義二外務事務次官を更迭した。名目とした理由はアフガニスタン復興支援会議にからむ日本のN

ＧＯに対する参加拒否問題であった。

問題は田中外相の更迭手続きであり、翌三〇日の参院予算委員会で、私が取り上げた。

平野　田中外相の更迭手続のプロセスはどうなっているのですか。

福田官房長官　昨晩一一時五〇分に総理が田中外相を呼び、進退について話をして田中大臣は了承した。今朝八時二〇分に持ち回り閣議を経て、陛下の認証行為により依願免の法的効果が確定しました。

平野　田中大臣自身は（記者団に）こう話しています。「今朝、官邸から辞職願を出すよう連絡があったが、罷免を選ぶか依願免を選ぶか、政治家として重大なポイントである。ちょっと考えたいということで辞表を出さなかった」と。辞表を出さずに更迭するとは、罷免したということではないですか。

福田官房長官　総理と田中大臣の会話の中で、了承されたわけです。確認する署名は必須条件ではない。

平野　辞表を出さないまま、閣僚の更迭をやった前例があるのか。

内閣法制局長官　調査してみます。

調査の結果は、前例はないという回答が委員会終了後にあった。なお、田中眞紀子氏は私が参院予算委員会で取り上げた三〇日夜の午後八時に官邸に辞表を提出した。

この田中外相更迭の憲法手続は違法である。閣僚の進退問題を口頭で済ませることは、民主政治国家ではありえないことだ。辞表が提出されていない大臣を、辞意だけで閣議で了承して、天皇の権限である認証行為を行ったことは、天皇に虚偽の助言をしたことになる。

田中外相更迭後、小泉首相は急速に支持率を落としていく。しかも、外務省の主流派から疎んじられていた鈴木宗男・議運委員長も北方領土疑惑が刑事事件となって、逮捕されることになる。また千葉県鎌ヶ谷市の汚職疑惑で、参院議長の井上裕氏が議員を辞職した。また、加藤紘一氏の秘書が公共事業の口利きで刑事事件となった。

小泉内閣は風前の灯となったが、これを切り抜けていく。野党は小泉政権の不祥事を攻め切れなかった。その理由は、民主党国対委員長の熊谷弘氏にあった。与党や官邸と通じ野党第一党の役割を果たせなかった。熊谷氏は同年一二月二五日に結成された「保守新党」の首脳となり、小泉自公保連立政権に参加していく。

小泉内閣の支持率を再浮上させたのは、平成一四年九月一七日の小泉首相の北朝鮮訪問であった。金正日総書記は、国家機関による日本人拉致の事実を認め、拉致した日本人一三人のうち八人が死亡、五人が生存と言明し、「日朝平壌宣言」に署名した。一〇月一五日には拉致事件被害者五人が帰国することになる。その五日前の一〇月一〇日、参院外交防衛委員会で、拉致問題の集中審議が行われた。この時点では、一時帰国であり、一〜二週間で北朝鮮国に帰るという合意が前提であった。

その集中審議で、私が問題にしたのは、拉致被害者で一時帰国する五人の国籍はどこか、ということであった。田中均・アジア大洋州局長の答弁は、北朝鮮側では同国の戸籍に入籍してはいないということであった。ならば、日本を出国するとき、日本のパスポートを持たせ日本国籍であることを実証させるべきだ、と提言したところ、政府側は本人の意思を確認した上で、日本のパスポートを発給した。

北朝鮮の拉致問題は、靖国参拝問題、ハンセン病問題などと同質で、信教や人権という政治が利用してはならない問題である。小泉純一郎という政治家は、そういう政治の原点を平然と無視し、冒瀆して人気取りに利用する人間である。それをマスコミや有識者が批判せずに見過ごすどころか評価することで、政治を劣化させたといえる。

私は、外交防衛委員会の質疑の最後で、「拉致問題の本質は、国家主権の侵害という犯罪行為である。国交正常化といって、経済協力とか核兵器拡散といった政治問題と包括的に解決するというなら、それは、問題をウヤムヤにすることだ」と発言しておいた。

北朝鮮から一時帰国した五人の拉致被害者について、政府は北朝鮮に戻さず永住帰国させる方針を決定した。残りの拉致被害者の帰国については対立し、平成一六年五月に小泉首相は再訪朝したが、解決できなかった。

拉致問題は、その後、北朝鮮の核保有をめぐる六カ国協議の中で埋没していく。平成二〇年（二〇〇八）一〇月一一日、米ブッシュ大統領は北朝鮮を「テロ支援国家」の指定から解除する。北朝鮮は一旦約束した再調査を反古にした。理由は次々と政権を投げ出す日本の政治を見透かしたもので、拉致問題の解決の見通しは立たなくなった。

突然の自由党解党、民主党との合併

小泉首相が拉致問題で支持率を回復させた平成一四年（二〇〇二）秋、野党の民主党は政権獲得戦略のあり方で悩んでいた。一一月二九日、鳩山由紀夫・代表が記者会見して、突然、民主党と自由党の合併構想を発言した。仕掛人は故人となった松野頼三・元衆院議員であった。松野氏は吉田茂時代から活躍した自民党の長老政治家で、鳩山代表に民主党と自由党の合流で政権交代を実現させよと説得した。

鳩山代表は事前に小沢自由党党首に意向を伝えていた。また、松野氏も藤井裕久・自由党幹事長に、小沢党首の説得と党内対策に協力するよう要請していた。副幹事長の私にも話があり、小沢党首とも協議を重ね、民主党全体が鳩山構想を理解するなら、自由党を解党してもよいとの腹を固めていた。

ところが、鳩山代表は民主党内で説明を十分にしておらず、突然の記者会見で小沢氏を代表とする可能性にまで触れたため、民主党内が混乱し、大勢の意見とならなかった。鳩山氏は民主党代表を辞め、菅直人が代表となった。菅体制となった民主党も小沢自由党と積極的に提携協議を進めた。この鳩山氏の無鉄砲な決断が今日の民主党の躍進の原点といえる。

小泉政権が偽の構造改革を進め、棄民政治を続けるなか、民主党の大半の意見は、まず国会内の統一会派そして選挙協力からスタートさせるべきだというものであった。鳩山構想とは差があった。自由党は、小沢党首が「自由党の政治理念や政策を向上させていくのが理想的だが、日本に残された時間は長くない。一挙に合流して政権を狙うべきだ」と主張した。

平成一五年（二〇〇三）が明けた一月に、民主党と自由党の代表者による「政権構想協議会」が発足した。延々と協議を続けたが五月に打ち切りとなった。自由党は六月二七日の常任幹事会で、翌年（平成一六年）の参院通常選挙を自由党独自で対応することを決め、民主党との合併はないことを確認した。翌年で任期切れとなる私は、早速ポスターの印刷を三〇〇万円を出して注文した。さらに自由党は、数年にわたって練り上げた「日本一新十一基本法案」を七月初旬に衆院に提出した。

ところが七月中旬になって、菅民主党代表が突然自由党との合併話を蒸し返してきた。背景を推測すると、秋には衆院の解散総選挙が予定されており、合併に積極的な鳩山グループが離党して自由党と合流する動きがあったのではないかと思う。菅代表と小沢党首は、極秘の会談を続け、七月二三日深夜、合意書に署名した。合意書には、

「日本再生のためには、自民党内の総理交代ではなく、政権与党と総理を替える本格的政権交代が何よりも急務である。……細川政治改革政権により、政権交代可能な小選挙区中心の選挙制度が導入されたが……野党間の選挙協力体制が構築できず、政権交代は実現していない。『仏作って魂入れず』の状態にある。よって両党は『小異を残して大同につく』覚悟で、左記のように合併することで合意した」

とあり、合併の要点は次のとおりであった。

①民主党を存続政党とし自由党は解散する。

②代表を菅直人とし執行部は、現民主党のままで代えない。

③規約及び政策は民主党のものを継承する。

民主党と自由党の合併のニュースは、翌二四日、各新聞・テレビのトップを飾った。自由党で極秘交渉を知っている議員は数人しかいなかった。六月の末に「合併なし」を確認したばかりだったので、二四日午前一一時から開かれた自由党の常任幹事会は、合併の条件も屈辱的と大もめになった。

常任幹事会の司会は藤井幹事長、小沢党首が経過を説明して、「日本再生のため残された時間は少ない」と持論を述べ、無条件降伏ならず「無条件合併」の了承を求めた。突然というより突発で誰もが想定していないことであり、賛成する常任幹事は誰もいない。小沢党首と藤井幹事長が「平野、何か言え」と眼で合図してきた。

私は、三〇〇万円も出してポスターをつくったばっかりで、いささか頭にきていたが、ここは何としても全員を納得させなければ、と困り果てた。そこで思いついたのは、その日の朝六時半から参加していた「千代田区倫理法人会」のモーニング・セミナーで輪読した「万人幸福の栞《しおり》」であった。敗戦後、倫理運動を始めた丸山敏雄先生が創ったもので、十七条からなりその十二条の「得るは捨つるにあり」（捨我得全）、の教えであった。

「一切をなげうって、捨ててしまう。地位も、名誉も、財産も、生命も。このときどういう結果が生まれるであろうか。まことに思いもよらぬ好結果が、突如として現われる。いわゆる奇蹟というのは、こうした瞬間に起こる。常識をはるかに超えた現象に名づけたものである」

という教訓を私は紹介し、これが小沢党首の心境だと思うので、この決断を支持するよう訴えた。どうにか常任幹事の大勢が、自由党解党を了承し、両院議員総会に諮り、民主党との合併が決まった。

民・自合併で困ったのは選挙区調整であった。もっとも揉めたのは神奈川県第七区（横浜市港北区・都筑区）で、民主党は菅代表のブレーン・首藤信彦、自由党は小沢党首の下で八年間書生を務めた樋高剛であった。原則として両党個別の世論調査などを参考に決めるとしていたが、結果は私の娘婿、樋高が第一八区（川崎市宮前区・高津区）に国替えすることになった。

両党の世論調査の結果を知った私が、不公正な民主党のやり方に腹を立てて、樋高を第七区から無所属で立候補させる準備に入った。それを知った小沢党首が「政権交代という大事の前の小事だ。私心で政治を動かすべきでない」と諭し、私も矛を収めた。

九月二六日には、新しい民主党として合併党大会が開かれた。直後の一一月九日の衆院総選挙で、民主党は一七七議席と躍進し、比例代表の得票で自民党を上回った。自民党は二三七議席と単独過半数を割り込んだが、公明党の三四議席を政権の「生命維持装置」として利用し、小泉自公政権を続けていく。

政治の劣化に決断

平成一五年（二〇〇三）は、世界的にも国内的にも多難な年であった。一月一〇日に北朝鮮が核不拡散条約脱退を宣言、一四日には小泉首相が三度目の靖国神社参拝、三月十九日（日本時間では二〇日）には米国がイラク戦争を開始、四月二八日には日経平均株価が七六〇七円の終値をつけた。七月二六日にはイラク復興支援特別措置法を強行採決で成立させた。そして小泉首相はブッシュ米大統領の指示で、イラク支援だけでなく、日本経済の米国植民地化政策を「構造改革」という名で、実現させていく。

最大の政治問題は、米国の要請をうけてイラクに自衛隊を派遣するか、どうかにあった。野党はむろん、国民に反対が多く特に創価学会が反対で公明党は悩んでいた。自民党内にも慎重論があった。さらに国内問題として、基礎年金の国庫負担金を二分の一に引き上げることで与野党は合意していた。その財源をどうするか、当時の民主党は消費税率のアップでと主張し、自民党は意見がまとまっていなかった。

公明党は「所得税の定率減税を廃止して財源とする」という主張だったが、自民党内のほとんどが反対のため与党内で意見が対立していた。そこに自衛隊のイラク派兵問題が重なったわけだ。一二月の平成一六年度予算編成は、公明党の定率減税廃止を認めるか、イラク派兵をどうするか、これが最大の問題となった。

公明党の対応は、暮れの慌ただしい日程で、神崎代表一行がイラクのサマワを数時間視察して、安全であることを演出するという「猿芝居」により、自衛隊の派兵を了承することになる。その取引として、所得税定率減税の廃止を自民党にのませたのである。公明党支持者にとって経済的に負担の少ない所得税の定率減税は廃止する、という謀略を断行したわけだ。

公明党の立党理念は「平和・福祉・人権」であったはずだ。ここまで堕落するとは思わなかった。そういえば、米国のイラク政策に呼応して「大量破壊兵器を持つイラクを叩くことが、平和の道だ」とか、「スプーン一杯で約二〇〇万人分の殺傷能力がある炭疽菌を約一万リットル保有している疑惑がある」と、マスコミで言いふらしていたのは、ほかならず公明党の冬柴鉄三・幹事長であった。

冬柴幹事長のもと、平和と福祉を破壊する政治が、平然と行われた。さらにイラク特措法の国会審議で、小泉首相が非戦闘地域の定義を「自衛隊のいるところが非戦闘地域だ」と、正常な人間では考えられない答弁をし、それを国民もマスコミも怒るどころか、面白がるという政治の劣化が深刻化していった。

平成一五年の暮れは、私にとっては参院議員の任期を半年残し、三期目の挑戦をするかどうか決断の時期となった。自由党が解党しなければ、当然出馬するつもりで準備していた。新しい民主党の中で全国比例区から出馬予定の旧自由党議員は、選挙対策委員長の渡辺秀央氏と私の二人であった。民主党の比例区候補者は、それぞれ労組の組織を中心に準備が進められていた。比例区候補者の選挙対策方針が朝令暮改するうちに、何故か私のところには情報が入らなくなっていた。

一二月二〇日、小沢一郎から電話で、

「渡辺選対委員長から言われて、神奈川県の田中慶秋・衆院議員に、君のことをよろしく頼めということだったから、頼んでおいた。南関東ブロックを中心に比例区からの出馬なので、頑張るように」

ということであった。私は翌日、小沢と直接会い、

「私の選挙に、どうして貴方が渡辺氏や田中氏に頭を下げるのか。渡辺氏や田中氏を私は改革派の同志と思っていない。仮に当選しても彼らに気をつかう政治生活を送りたくない。国会議員になることだけが政治を変える仕事ではない。参院選挙に出馬しない」

と宣告した。小沢一郎は驚き「年明けにゆっくり話そう」ということになった。

年末年始に私は、小沢一郎が「日本一新」の改革を民主党の中で実現するためにはどういう方策をとればよいか、真剣に考え抜き、平成一六年（二〇〇四）一月五日に、小沢邸で約二時間、二人で徹底して議論した。

出馬辞退を思い直すよう説得する小沢一郎に、私は本音で話した。

「現在の民主党は、自分のことしか考えない人たちが多い。自由党を解党した意味が失われている。仮に私が当選しても、小沢の諜報役の異端議員としてトラブルメーカーになるだけです。小沢自由党は解党しても、『日本一新』の実現は必要です。このままだと永田町の『日本一新』にすぎません。それでは日本は変わりません。

日本国民の『日本一新』にしなければ、小沢構想は生きません。国会議員のバッジをつけた

ままなら、誰も耳を傾けないほど国民は政治離れをしています。それに国会の外で小沢構想を理解する有識者は少なく、メディアの多くも反小沢です。

私は、辻立ちをやってでも、永田町でどんな馬鹿な政治をやっているのか、これでよいのか、国民市民に訴えたい。『市民による日本一新の会』をつくります。国会議員という立場を捨てます。『得るは捨つるにあり』を、もう一度実行します」

すると、

「わかった。僕も議員を辞めて国民に訴える」

と、とんでもないことをいう。

「これは分業です。辛いでしょうが貴方には国会議員を続けてもらいたい。小沢一郎が平成五年六月に自民党を出て、真の改革を標榜してきたが、これまで同じやり方の繰り返しだった。今日ほど国会が国民から無視された時代はない。もはや内部からだけの改革は無理です。私は小沢構想を国民市民の立場で主張します」

と説明して、快く理解してもらった。

小泉首相「構造改革」の内実

平成一六年の元旦は、小泉首相の靖国神社参拝で明ける。二月には陸上自衛隊本隊がイラクに出発する。新生「民主党」は菅代表を中心として小泉政権に対峙していく。この時期、政治問題になったのは「国民年金保険料問題」である。

小泉首相は勤務実績がないのに厚生年金に加入していたことを国会で追及され、「人生いろいろ、会社もいろいろ、社員もいろいろ」と、はぐらかし答弁で逃げ切った。菅代表は武蔵野市当局の事務ミスが原因であったが、未納問題が発覚して代表を辞任した。小沢一郎が後継代表に就任することを決意したが、任意加入時期に未加入問題があり、官邸筋が政治謀略に利用することがわかり、岡田克也氏が代表となる。

七月一一日に行われた第二〇回参院通常選挙では、自民党が苦戦し、改選議席数五一に対して、四九となった。民主党は五〇議席を当選させ、比例区で二一〇〇万票を超え第一党となった。公明党は一二議席を得て、参院で与党は過半数を占めた。共産党が四議席、社民党が二議席と、前年の衆院総選挙で示した二大政党化の流れが強まった。なお、私はこの参院選挙に後継者として、高知地方区から広田一を出馬させ、無所属で民主党推薦候補として当選させることができた。

この参院選挙は年金改革法の強行採決、自衛隊の多国籍軍への参加などで、小泉ブームが下火になっていたことが、自民党不振の原因であった。ここで、小泉構造改革といわれる政策の総点検をしてみよう。

小泉首相の「構造改革」は、橋本政権時代に導入した「経済財政諮問会議」を利用して推進された。第一の問題はそのメンバー構成で、議長が小泉首相、以下、内閣官房長官、経済財政担当大臣、総務大臣、経済産業大臣、日銀総裁、四名の民間有識者として牛尾治朗（ウシオ電機会長）、奥田碩（トヨタ自動車会長・経団連会長）、本間正明（大阪大学教授）、吉川洋（東京大学教授）であった。

第二の問題は、小泉内閣で長期にわたり経済財政担当大臣であった竹中平蔵氏が、イニシアチブを握り、新古典派経済学者の本間、吉川という両学者を活用して、大企業の立場を主張する牛尾、奥田という財界人を起用し新保守主義政策を強行したことであった。この諮問会議の性格を一言でいえば、「米国の市場原理主義によって、日本の大企業の利益を拡大させるための構造改革を行うこと」といえる。

小泉首相は、この諮問会議を実質的に国権の最高機関に祭り上げたのだ。国会も閣議も小泉政権下では、この諮問会議に翻弄されていたのである。官僚支配を排し、官邸の情報を透明化し、首相の権限を強化したと、この諮問会議の活用を評価する学者もいる。しかし、小泉構造改革がもたらした国民生活の崩壊は、平成二〇年時点で最悪の事態となっている。

まず、平成一四年度予算編成で国債発行額を三〇兆円以下に抑制すると公約して、財政再建を目標としたが、小泉政権下に増加した国債発行額は二五〇兆円であった。財政再建どころか財政悪化の小泉財政であった。

道路関係公団の民営化は、小泉改革の目玉として自民党分裂の種といわれた。初めから小泉首相と青木幹雄氏の間で話はついていたのだ。民営化推進委員会は分裂し、結局は公団を株式会社という名の民営化にしただけで、高速道路の整備についての改革は行われなかった。自民党道路族が実をとり、小泉首相は名をとったと言われた。委員の一人であった田中一昭・拓殖大学教授は「名ばかりの民営化で国民を愚弄するものだ」と、国会の参考人として発言した。

不良債権処理と金融再生について、小泉・竹中ラインによる政策判断が、一部で評価されている。平成一四年頃から中国をはじめ途上国の経済発展にともなう、わが国の大企業中心の景気回復によって、不良債権処理が進展した側面が強い。むしろ、竹中が金融相を兼務し、米国の金融資本から不良債権処理の遅れを批判され、それに対応する措置を執ったことによる混迷の方が問題であった。

米国の金融資本は、日本の不良債権を買い叩くため小泉政権を利用したのである。竹中金融相となってから、外資の不良債権買いは目に余るものがあった。また、UFJ銀行を東京三菱銀行と合併させる手法には、さまざまな疑惑が話題となった。さらに、りそな銀行の公的資金注入による救済についても、政界との癒着が話題となった。いずれにせよ、小泉政権下の不良債権と金融再生は、米国金融資本のペースで行われており、日本が主体的に行ったものではなかった。

地方財政の三位一体改革にも重大な問題がある。小泉内閣は地方財政の改革と称し、国庫補助金と地方交付税そして税源移譲の三つを一体として改革しようとするものであった。ねらいは国と地方の関係にある種の「市場原理」を持ち込もうとする、新古典派経済学者の発想によるものであった。

諮問会議や地方自治体、財務省、総務省、そして厚生労働省や文部科学省の官僚を巻き込んで大論議となる。結局、平成一六年度から一八年度にかけて、四兆六六一億円の補助金が削減され、三兆九四億円の税源移譲が行われた。この三位一体改革を、中央集権色の濃かった国と地方の関係に、新たな局面をもたらしたと評価する小泉御用学者がいた。事態はまったく逆で、中央集権の強化と地方との格差の増大、そして地方経済の枯渇による混迷は、想像を絶する状況である。

地方財政の改革は、まず中央集権の象徴である補助金を完全に廃止し、直接交付することである。地方独自の事業を国の官僚が査定するやり方をやめるだけで約二〇%の経費の効率化ができる。地方が自立する条件を整えることは中央政府の責任である。国の財政再建を地方に押しつける三位一体政策は、国家組織の崩壊を危惧させている。

小泉構造改革の最大の改悪政策は、社会保障制度を崩壊させたことである。障害者の負担を増やす「障害者自立支援法」という詐欺的いじめ法を自公政権が成立させたことは、言語道断である。それにも増して、二度にわたる医療制度の改悪は、今日の日本社会を不安にし暗くしている。平成一四年に成立させた「医療制度改革関連法」は、医療保険の自己負担率を三割に統一するとか、保険料率の引き上げなど医療費の負担を大幅に増やすものであった。

問題は、平成一八年六月に小泉自公政権が強行採決で成立させた「医療制度改革関連法」である。平成一八年一〇月から七〇歳以上の高齢者で現役並みの所得がある人の自己負担を三割に引き上げるなど、負担増を求める内容であったが、国民から厳しい批判を受けたのが「後期高齢者医療保険制度の創設」である。七五歳以上の高齢者から徴収する保険料と現役世代からの支援、公費を財源として、これまでと別の制度を創設したのである。

しかも、保険料を年金から天引きする仕組みのため、高齢者を中心に「平成の姥捨山《うばすてやま》制度」と、強い抵抗が全国で展開されている。高齢者の生存権を侵し、戦前・戦中・戦後と日本の苦難と発展に、懸命に努力した人間を冒瀆する制度である。自民公明政権の存続に関わる問題となった。その原因は、平成一七年八月、小泉首相による郵政民営化問題に焦点を当てた衆院解散・総選挙での自公与党による圧勝によるもので、小泉政治の総括は、憲法原理に反した「郵政解散総選挙」の検証が必要となる。

郵政解散は民主政治の危機である

郵政改革とは、郵便・郵便貯金・簡易保険の郵政三事業を、民営化によって改革することであり、昭和五〇年代から一部民営化や全部民営化など活発な議論が行われていた。細川内閣では小沢一郎の新生党で政府関係者と非公式協議を行っていた。また、橋本内閣では行革の重要検討課題となっていた。

小泉純一郎という政治家が、郵政三事業の民営化という改革を政治テーマとした背景には、個人的事情があったといわれている。昭和四四年一二月の第三二回総選挙に、初挑戦して落選する。その時は中選挙区制度で、ライバルの自民党候補が特定郵便局関係者の支援で当選した。このことが恨みとなり、郵政事業の民営化にこだわりをもつようになったのである。

さらに、その後衆院議員となり、師匠の福田赳夫氏の影響で旧大蔵省の族議員として活躍することになる。旧大蔵省は銀行行政を所管しており、郵政事業の管理する貯金や簡易保険の資金が、銀行の業務と競合するところがあり、その調整が課題であった。要するに初出馬で落選した恨みを晴らし、スポンサーの銀行のためにも、郵政民営化を政治テーマにしたという事情があったのだ。

小泉純一郎は首相となるまで、構造改革といえば「郵政民営化だ」という程度の見識しかもっていなかった。自民党総裁選に出馬する寸前に、竹中平蔵という市場原理主義者に教わってにわか勉強をすることになる。そこで米国から「年次改革要望書」をつきつけられていることを知る。ブッシュ大統領に追随することで、政権を維持していく戦略をとることになる。

これまで簡単にふれた小泉構造改革のほとんどが、米国のブッシュ大統領の事実上の圧力で行われているといえる。「不良債権処理」にあわただしく対応したのは、米国金融資本が日本の投げ売りを叩き買いするためで、米政府が小泉・竹中に圧力をかけて実行させたのである。医療制度を中心とする社会保障制度の改革は、財政再建という名目で毎年二二〇〇億円を削減することを前提としている。この背景には、日本の国民皆保険制度に穴を開け、米国の保険会社の参入を容易にしようという狙いがある。

郵政改革は、平成一四年（二〇〇二）に「郵政公社法等」を成立させ、特殊法人の公社として郵政事業は行うことを決定し、同一五年四月に「日本郵政公社」を発足させていた。ところが、一年半も経たない翌一六年九月、小泉首相は突然「郵政民営化の基本方針」を閣議決定した。これには米国政府の理不尽な圧力があった。

この年の一一月、米国は大統領選挙があり、ブッシュ大統領は再選を狙っていた。ここ数年、日本の不良債権処理で甘い汁を吸った米国の金融資本は、日本人の持つ金融資産に目をつけ、市場原理を優先させ自由化することを強く要求していた。それを阻むバリアーが日本にあった。それは郵便局といった日本人の共同体意識、絆という社会運営のノウハウである。小泉・竹中による「郵政民営化」の本質は「日本社会の米国化、市場原理主義化」であった。

という理屈の話ならまだしも、もっとドロドロした政治とカネの情報があった。この年の夏、竹中経財相兼金融担当相が訪米する。この訪米で「郵政民営化」のシナリオが、米国政府側と一緒に練られたといわれている。特にブッシュ大統領としては秋の大統領選に、米国金融資本から資金と票をもらうことになっていたはずだ。米国にとって郵政事業の中で「簡易保険」は、米国の保険企業が日本社会に進出する際、障害になる制度である。

竹中大臣の訪米は、これらのシナリオを協議するためのものであったといわれている。郵政公社化で、民営化を凍結したと思い込んでいた郵政族に油断があったといえば、それまでだが、小泉構造改革の本質は、国家国民のためという発想ではない。個人の恨みと米国に追随することで権勢欲を拡大させようという、政治の道義に著しく反したものであった。

崩壊目前の米国金融資本主義

平成一七年（二〇〇五）は、郵政改革で明け郵政改革で暮れた。自民党では郵政関係合同部会が修正を前提に、郵政民営化法案の政府案を了承したのが四月二六日、翌二七日の政調審議会は反対派の怒声のなか、議論が打ち切られた。総務会では、法案の内容を了承せずに国会提出を了承するという異常な事態となった。

五月二六日に衆院本会議で趣旨説明と質疑が行われた。国会審議のなかで、自民党から修正意見が出され、自民党総務会で多数決で決めるなど異例なことが続出した。七月五日の衆院本会議で、自民党から三七名が反対し、一四名が欠席という大量造反が出た。賛成二三三、反対二二八の五票差で、郵政民営化法案は可決された。

参院での審議も、自民党内で紛糾した。八月五日の参院郵政民営化特別委員会で可決されたが、同日、参院の自民党所属議員が次々と反対を表明するに至った。八月八日の参院本会議で、自民党から二二名が造反し、反対一二五、賛成一〇八の一七票差で否決された。午後一時四四分であった。

小泉首相は、参院が「郵政民営化法案」を否決した四分後、自民党役員会で衆院を解散する意向を伝え、解散の手続きを始めた。理由は「郵政民営化を国会は必要ないと判断した。郵政解散です。郵政民営化に賛成か反対か、はっきり問いたい」というものであった。

参院での否決を「国会は必要ないと判断した」と、言いかえるところに小泉首相の狡猾さがあり、総選挙を郵政民営化の国民投票としたところに問題があった。日本の有識者やマスメディアは、この小泉劇場に拍手を送った。日本国憲法の国民主権、代表制民主政治、三権分立、両院制等々の原理に全て違反しての「郵政解散」であった。この異常な小泉首相の政治判断が、何のためであったかを平成二〇年の時点で考えると、全て米国のブッシュ大統領との約束の実現であったことがわかる。

平成二〇年九月一五日、米国の証券大手リーマン・ブラザーズは経営破綻した。翌一六日には同じく米国の最大手保険会社であるＡＩＧが、約九兆円の公的資金導入で公的管理下に置かれた。ＡＩＧは、ＡＩＵやアリコジャパン、アメリカンホームダイレクトといった保険業を日本で展開し、郵政民営化を強行した大本であった。小泉首相は、ＡＩＧのために郵政民営化（郵政民営化法案）と社会保障費の削減（医療制度改革関連法案）を行ったといってもよい。

ＡＩＧは一時的に救済されたものの、米国金融資本主義は崩壊目前となった。小泉・竹中構造改革が日本人の生活をいかに危険なものに誘導したか、早くも証明されたといえる。

郵政総選挙は、自民党で激烈をきわめ、小泉首相は造反した議員を公認せず「刺客」を送り込んで、当選を妨害した。公認を得られなかった造反候補者たちは、無所属のまま出馬したり、国民新党や新党日本を結成したりして対応した。九月一一日の総選挙の結果は、自民党の二九六議席に対して民主党は一一三議席というものであった。都市部の無党派層は、マスメディアの応援する「小泉劇場の虜《とりこ》」となった。自民・公明の与党は、三三七議席を占めることになり、わが国憲法史上初の三分の二を超える再議決を可能とする議席数となった。

政権交代に向けて

小泉郵政解散総選挙は、戦前の翼賛選挙を連想させ、狂気の政治パフォーマンスを演じた小泉首相の責任は大きい。恐ろしいのは、この小泉政治の異常さを許した衆参両院議長をはじめ、野党政治家たちの不見識さである。さらに「代表制民主政治の危機」を批判せず、「新しい政治」だと評価した、マスコミや有識者の不勉強さであった。

総選挙の投票日の翌一二日、岡田克也・民主党代表は、衆院選挙の敗北の責任をとり辞意を表明した。後任には前原誠司氏が選ばれる。このとき、民主党の内外から小沢に代表選挙立候補を要請する声が出た。本人も真剣に検討したが、総選挙期間中敗北を見越して、岡田代表を辞任させ前原体制をつくり、党の実権を握ろうとした謀略を得意とする輩が数人いた。出番がなかった小沢は、民主党再生のため前原体制を支える心境であった。しかし前原代表を取りまくグループが「小沢排除体制」を執行部の基本方針とした。

一方、小泉首相は総選挙での大勝利をもって、独裁政治劇場を展開し、郵政民営化法案を特別国会で瞬時に成立させた。本来なら小泉首相が崩壊させた憲法政治を、国会が反省し修復させる国会決議などが必要であったが、これに気がつく政治家は存在しなかった。前原民主党は、重要課題について小泉政治に対峙する姿勢はなく、話し合いの対案路線を採用した。

このままでは、民主党による政権交代は不可能だと直感した私は、翌一八年九月に予定されている代表選挙に、小沢一郎は何があっても出馬し、民主党を背骨から叩き直す必要があると思うようになった。その機会をつくってくれたのは、平成一七年一一月二日、製鉄原料「七洋会」という財界OBの会合であった。

私が「永田町の裏話」をした後、わざわざ出席していた今井敬・前経団連会長が、突然、質問といって次のような発言をしてきた。

「私は小沢さんの改革政策に共鳴していたが、あまりにも自分の主張を純化して、一番大事な数での優位が遠のいた。小渕・小沢が協力していた頃が最後で、あれから表舞台に立つ可能性がなくなった。どうしてこうなったのか。これからどうするつもりか」

とまるで叱られている感じであった。

私は、小沢一郎から政治家が離れることは、小沢だけの問題でなく政治家の見識レベルが低い場合が多く、「純化路線」は政策のことで、これは私に責任があると正直に説明した。その上で、これから国家社会は危機状況となる、近く小沢一郎が日本再生の主役に復帰することに全てを賭ける、と答えた。

翌日、私は小沢に手紙を出し、今井氏の話を報告し、私のこれからの行動は次期民主党代表選挙で小沢の出馬を天下に向かって叫ぶことだ、と通告した。本人は多分不愉快な気分であったと思う。この年の秋には各地で講演する機会があり、十分に小沢一郎の責任と義務について多くの人々に語ることができた。

きわめつけは、一二月一九日付の毎日新聞夕刊特集「政界　〇五年回顧と〇六年の読み方」で、山崎拓との紙上対談だった。私が、

「今の暗い社会を変えるため、小沢さんは民主党代表選に出る責任がある。小沢さんが日本を変えるために政治家をやっている以上、秋の代表選は小沢さんにとって最大の、そして避けて通れないチャンスになる」

と発言した。見出しに大きく「代表選出馬は小沢さんの責任——平野」となった。「本人の了解もとらず、勝手なことを言って」とか、「もう少し慎重に言ったら」とか、小沢周辺から批判めいた声が出たくらいであった。

小泉首相にとって、衆院総選挙で大勝利したものの、秋からの政局は自分のペースのものでなかった。九月三〇日には大阪高裁が、靖国神社参拝をめぐる訴訟の控訴審で、違憲判決を下した。さらに自民、民主、公明の各党有志が「国立追悼施設を考える会」を発足させた。

一一月中旬には耐震強度偽装事件が発覚し、小泉規制緩和構造改革路線の問題が提起された。一一月二二日には自民党結成五〇年を記念して「新憲法草案」を発表したが、党内も国民にも不評であった。さらに総選挙で自民党が後押しして、広島六区から立候補したホリエモンこと堀江貴文ライブドア社長が、証券取引法違反で捜査され、平成一八年（二〇〇六）一月二

三日には逮捕されることになる。これも、小泉構造改革のあり方が批判された問題であった。

平成一八年の第一六六回通常国会は、「耐震強度偽装事件」や「ホリエモン問題」等で野党は、小泉政権を攻撃する材料に事欠かず、大いに盛り上がっていた。しかし、民主党の永田寿康・衆院議員が、予算委員会でホリエモンと武部勤自民党幹事長との間で交わしたメールを取り上げ、これが偽物であることが判り、政治問題となる。その責任をとって、永田氏は議員を辞め、前原氏も民主党代表を辞任することになる。民主党への国民の支持が高まった矢先のことであり、深刻な事態に陥ってしまったのだ。

小沢一郎は、本気だ

メール問題をめぐって民主党内が、収拾のつかない混乱を呈している二月末、それまで私は避けていたが、小沢一郎と会わなくてはいけない用件ができた。

平成一七年九月の総選挙で、高知一区から出馬した民主党高知県連の五島正規代表の秘書が選挙違反をしていたことが発覚し、その責任をとって議員辞職をした。その緊急措置として、臨時に私が県連代表に就任した。引退した芸者が座敷に出戻りするのと同じことになる。メール問題で紛糾している最中の二月二七日夕方、久しぶりに小沢一郎を訪ねた。私の顔を見るなり、

「去年の秋から代表選に出馬すべきだと、随分過激に言い続けていたようだが、これからも続けてくれ」

と予想していないことを言い出した。

「僕が出馬するといえば、前原代表の足を引っぱるとか、党を分裂させるという話になる。だから何も言わないのだ。僕が代表になることで一人でも民主党から離れるようなことがあってはならない。

だから、これからも過激に、代表選に出馬する責任があると言ってくれ。これだけ言っているのに小沢は耳をかさない。腹が立つと言ってくれてもよい」

この時期、前原代表が辞めるとの話は出ていなかった。私は「小沢一郎は、本気だ」と確信した。

三月中旬、前原代表は辞意を表明、四月七日に代表選挙を行うことになる。この時も官邸・自民党・公明党は公然と、小沢一郎が民主党代表に選ばれることを妨害した。小沢の出馬を阻止するために、代表選は是が非でも投票方式を採用することを画策したのも、官邸筋と民主党の一部との情報が流れた。しかし投票による党内の亀裂を避けたい、という小沢の心理状態を読んだベテラン議員の思惑ははずれて、結果として理想に近い代表選挙となった。

代表選挙の「政見演説」を、自宅のTV中継で見ていた私は、「変わらずに生きるためには、自ら変わらなければならない。まず、私自身が変わります」と宣言したのを耳にして、小沢一郎は全てを出しきったと感動した。しかし、投票が終わり小沢代表が決まって、三〇分もしないうちに知人から電話があった。その話の内容に怒りを憶えた。

「某評論家の意見だが、幹事長に仙谷由人を起用するように、平野さんから小沢代表に提言してほしい。若い秀《すぐ》れた議員が二〇人ぐらい小沢代表の味方になるよ」

当時の民主党の実態は、この程度のレベルであった。かなり改善されたがその残存はいまでもある。こんなことでは政権交代は期待できない。

四月二三日に行われた千葉七区の衆院補欠選挙は、九五五票差の大接戦で民主党が勝利し、小沢一郎の選挙神話が復活した。小泉政治の葬儀にふさわしい選挙であった。そして会期末には、平成の姥捨山といわれる「後期高齢者医療制度」を強行成立させて、六月一八日、小泉首相最後の国会会期を終えた。

小泉政治を総括すると、三つの大罪があったといえる。

第一は、米ブッシュ大統領従属の大罪である。日本の先人たちが築いた対米自主協調関係を崩壊させ、軍事においても経済においても、米国の属国化とした責任は大きい。

第二は、市場優先拝金主義強要の大罪である。小泉・竹中政治の狙いは、米国金融資本の手先となって、日本に市場優先拝金主義の諸政策を強制的に導入したことにある。そのため社会保障費を五年間で一兆一千億円も削減し、郵政民営化などによる国民への悪影響は計り知れないものがある。有史以来初めて、精神的かつ物質的格差社会を意図的につくり、異常な犯罪を多発させるだけでなく、憲法で保障されている生存権さえ侵すようになった責任は大きい。

第三に、議会政治を破壊させた大罪である。小泉首相の国会における言動の不誠実、不真面目さは言語を絶するものがあった。それをマスメディアが批判せず、政治の大衆化として容認したことが、わが国の政治を著しく劣化させた。そういう政治姿勢の集積が「郵政解散・総選挙」という憲法否定、憲法停止の政治となった。この小泉狂気政治は、小泉首相本人の責任であるが、それを権力の中枢につけた与党自民党・公明党の責任も大きい。小泉首相と自公両党そして、それを事実上支えたマスメディアがもたらしたものは、日本の国家社会の崩壊、亡国政治であった。

小泉首相は、退任を一カ月後にひかえた八月一五日の終戦記念日、五年前の自民党総裁選で公約した靖国神社参拝を強行した。それまでの参拝は、八月十三日、四月二一日、一月一四日、一月一日、一〇月一七日と公約どおりのものでなかった。反対する近隣諸国の顔色を見ながらのものであった。まるで、鼬《いたち》の最後屁《さいごっぺ》のような行動といえる。宗教を政治的に利用した小泉首相の態度は、靖国神社に眠る戦没者の霊を冒瀆するものであった。

第六章　政権投げ出しの異常政治
平成一八年九月〜平成二〇年

「美しい国」安倍晋三の危うい舵とり

平成一八年（二〇〇六）は九月に入って政局が、自民党の総裁選と民主党の代表選に絞られてきた。民主党は四月に党再生の代表選挙を行い、小沢一郎でようやく体制を整えたばかりで、小沢再選に問題はなかった。自民党は、安倍晋三、谷垣禎一、麻生太郎が出馬の意向を表明した。その自民党で珍事が起こっていた。

自民党所属国会議員の約七〇％が、安倍晋三を支持する動きとなったことである。政治理念や政策で安倍氏と対立する人たちまで、公然と安倍支持を表明した。恐らく現代の世界的混迷期に、「安倍晋三」が最適の首相だと考える政治家は、自民党の中で一〇％もいないはずだ。それが雪崩現象を起こして「安倍支持」というのだから異常である。

自民党総裁選の直後、記者会見し、「美しい国」を連発、「炎のような改革」といった意味不明の言葉を繰りかえした。また、「教育改革の具体案」を聞かれて、「教員免許の更新」と答えた。「権力の審査により、免許を取り消す」場合もあるというのだ。自動車の運転免許とは違うことを知らないのかもしれない。要するに教育の本質がまったくわかっていない。その安倍自民党総裁が「改正教育基本法」を、国会で成立させていく。日本という国は相当に危うくなったといえる。

ポスト利権を漁る安倍劇場

九月二〇日の自民党総裁選挙は、予想されたとおり安倍晋三の圧勝となり、同月二六日召集された臨時国会で内閣総理大臣に就任した。安倍氏は首相に就任する直前の二二日、創価学会の池田大作・名誉会長を極秘に訪ね、小泉首相時代にこじらせた日中問題の解決について意見を聴いたとの報道があった。これは創価学会からのリークであり、事実といえる。わが国の「政教一致」も、いよいよ危険水域を超えたといえる。

安倍自民党総裁が、池田創価学会名誉会長を極秘に訪ねた九月二二日の四日後は、国会で内閣総理大臣の指名が行われることが決まっており、従って首相内定者といえる。その首相内定者が、わざわざ「政教一致」で疑惑をもたれている人物を訪ね、一時間以上熱心にメモを取りながら話を拝聴し、大変な評価を受けたというのが、創価学会ウォッチャーの情報である。事前に、池田名誉会長の話をメモに取ると評価が高くなることを入れ知恵されており、「安倍は真面目で、何にでも使える男だ」という池田名誉会長の感想がもれてきた。

この極秘会談は、難航していた安倍訪中問題で池田名誉会長の力を借りるためのものであった。小泉首相の靖国参拝問題で、こじれにこじれていたことを、池田名誉会長が中国側に「安倍には靖国参拝はさせぬ」と、靖国不参拝手形の裏書をしたわけである。そのための確認会談であったといえる。昭和四七年（一九七二）の日中国交回復のときには、当時の田中角栄首相が協力を要請したのが、竹入義勝・公明党委員長であった。つまりこの時は政党と政党という議会政治の中での話であった。

今回の安倍訪中をめぐる問題は、宗教団体の最高実力者に、内閣総理大臣になることが確定している安倍自民党総裁が頭を下げて、成功をお願いしたということである。「安倍は、愛《う》いやつだ」ということで、訪中を成功させたのである。後日、参院予算委員会でこのことが追及されたが、安倍首相は「そんな事実はない」と嘘の答弁をくり返した。

話は前後するが、空騒ぎと馬鹿騒ぎで自民党の総裁選が終わり、安倍晋三氏が圧勝したわけだが、問題は安倍政治の「理念と政策」が何かということである。安倍首相は「戦後レジームから新たな船出」と称して、新しい憲法をつくることを表明した。しかし、その実態は「ポストと利権を漁る安倍劇場」としかいえないものであった。自民党の残り少なくなった権力の蜜を吸い尽くそうという輩によって、自民党執行部と安倍自公連立内閣がスタートした。

日本の有識者、ことにマスコミはこれを正面から批判できない。それは某宗教団体から直接ないし間接に、経済的利益を長年にわたって、巧妙な方法で受けているからである。さらにその団体が支援する政党が、自民党の延命装置として政治的役割を果たしていることにある。それどころか、一部のマスコミは、安倍自民党の応援団として活発な動きを始めた。その大義名分は、憲法改正である。

誤解を恐れずに率直に言えば、このマスコミの中には、憲法改正を新聞販売の拡大に利用しようという意図が潜んでいるのを感じる。その広告塔に大勲位の中曽根元首相が立っていることを、日本人は冷静に考えてみるべきだ。断っておくが、私は自民党を創った良識ある政治家、林譲治・衆院議長や前尾繁三郎・衆院議長らに育てられ、自民党の参院議員であったこともある。現憲法の欠点も知り尽くしている。積極的な新しい憲法制定論者である。

しかし、安倍首相の憲法改正論には賛同できない。その理由は「戦後レジーム」を改めるために憲法を改正するというところにある。それは現憲法の基本理念、「平和主義」「国民主権」「基本的人権」を否定するということである。新しい憲法は「工業社会から情報社会」へ文明の転換という歴史的変化を十分に認識し、現憲法の基本理念をどう発展させていくか、これが私の持論である。歴史認識に欠ける安倍首相にとっては、米国に追随する覇権国家になろうということしかない。

核兵器保有に関する安倍の理解不足

史上最悪の安倍自公政権がスタートし、安倍首相は所信表明で、日本の現状について「未来への明るい展望が開けてきました」と公言した。深刻化する格差問題や頻発する異常犯罪、企業の不祥事、北朝鮮のミサイル発射やテロによる脅威など、重大問題がわが国を取り巻いているにもかかわらず、なんと楽観的な認識か。しかし国民生活を放置した時代錯誤の安倍内閣に、世論調査では約七〇％の有権者が支持したことに驚いた。小泉偽改革の結果、日本が破局的危機を迎えていることを理解しない国民にも問題がある。

安倍首相が中国を訪問し、韓国に移動した平成一八年一〇月九日、北朝鮮は「核実験を行った」と狂気とも思える発表を行った。ねらいは「核保有国」となったことを世界に宣言して、外交のイニシアチブを握ろうとしたことだ。安倍首相の訪中訪韓というタイミングを狙っての暴挙であった。日本のマスコミは国民に危機感を煽った。政治家も有識者も、北朝鮮のねらいどおり日本は大騒ぎとなった。

安倍首相は、かつて「日本の核兵器保有は憲法の禁ずるところでない」と重大な発言をしたことがある。この安倍理論を踏まえてか、中川昭一・自民党政調会長と麻生太郎・外務大臣が相次いで、「日本の核兵器保有について議論があっていい」と発言した。国内外から批判が続出したが、さらに両氏は、「個人の立場の意見だ」「言論の自由を封殺すべきでない」と、核兵器保有に関して国民的議論に拡大した。

問題は安倍首相の姿勢であった。核兵器保有の発言を黙認し、「非核三原則を守っていくということは、閣僚も党幹部も意見は一致している」と、往《いな》した発言をした。この安倍首相の態度に対して、欧米では北朝鮮の核実験も暴挙だが、日本の政権内部指導者の「核兵器保有論議の誘導」も悪質で危険であるとの批判が続出した。

一一月八日の安倍首相と小沢民主党代表の党首討論で、「非核三原則」について議論が行われた。安倍首相は「政策判断である」と発言した。ここに根本的な誤りがある。「非核三原則は国是」という国家の根本方針であることを理解していない。唯一の被爆国として核兵器の恐怖を体験し、太平洋戦争では三〇〇万人を超える死者を出した、その犠牲の上に再建された日本国の国家理念であることを、認識しておくべきである。

仮に日本が核武装することになれば、国際社会から厳しい糾弾をうけ、核燃料のウラニウムなどの供給をストップされる。原子力発電が機能しなくなり、産業活動のみならず国民生活にも支障をきたすことになる。さらに日米安保体制は崩壊し、日米関係は緊張する。といったことを知ってか知らずか、安倍政権による核兵器保有論議の「ヤラセ・サブリミナル手法」は、それなりに効果があった。しかし、国会での論議や欧米、特に米国政府からの批判もあり、年末のNHKの世論調査では「核保有すべきでない」六七%、「核保有すべきだ」八%と、国民は冷静さを取り戻した。

安倍首相の最大の問題は、議会政治が何かについて、ほとんど理解のないことである。その好例を紹介しておく。北朝鮮の核実験宣言で国際社会が大騒ぎをしている最中、『週刊現代』が、〃安倍晋三は拉致問題を食いものにしている〃とか、〃安倍晋三(首相)が密約した「北朝鮮ロビイストに五〇〇〇万ドル」〃というタイトルの特集を掲載した。

一〇月一一日の参院予算委員会で、民主党の森ゆうこがこの問題の事実関係を確認した。安倍首相は激昂し「その程度の話にコメントするつもりはない。食いものにしてきたということを、この委員会で言うのは失礼だ」と、ぶち切れた。何十万人という読者をもつ週刊誌の報道について、国会で事実関係を確認するのは、国会議員の責任であり義務でもある。自民党と公明党は「無責任なうわさ話を国会で取り上げた」として、森議員に懲罰動議を提出した。これでは言論弾圧としかいえない。小泉郵政解散の結果、衆院は与党(自公)で三分の二以上の議席を持ち、参院でも安倍政権時代には与党が多数の議席を持っていた。文句があれば強行採決だ。野党の言論なんか保障する必要はないという姿勢が、安倍政治の国会運営の基本であった。

安倍首相は発足時の高支持率に気をよくして、郵政民営化法案に反対して自民党を離れた衆院議員を復党させることを決断する。復党の手続は中川秀直・幹事長が担当し、条件に「踏み絵的誓約書」を提出させたため、平沼赳夫議員だけが拒否し、一一名が復党することになる。

参院選挙への準備

安倍首相の強引な政治が展開するなか、民主党と連合は翌年七月に予定されている参院通常選挙の準備を着々と進めていた。

連合の中にある「公務労協」(公務公共サービス労働組合協議会)は、小泉政治が進めた「格差社会化」を危惧して、かねてから「良い社会をつくる公共サービスを考える研究会」(主査・東大教授・神野直彦)を設けて、研究を始めていた。一〇月に〝良い社会の公共サービスを考える〟との研究報告がまとまった。公務労協では、この報告書をどう活用するか協議が行われていた。

丁度その頃、私の著書『虚像に囚われた政治家 小沢一郎の真実』(講談社)が刊行され、話題となっていた。それを読んだ公務労協の幹部から要請があり、〝安倍政権と政局のゆくえ〟と題して、政治分析を話す機会があった。そこで「資本主義の変質」「戦争特需に依存した過去の公共サービス」「米国に追随する安倍政治は公共サービスを解体する」などを率直に話し、従来の自治省や日教組など公務労協の運動のあり方に反省を求めた。

一〇月一三日には、民主党と連合が「ともに生きる社会をつくる」宣言を発表し、小沢民主党代表が連合幹部とともに、全国の連合組織を訪問して「ストップ・ザ・格差社会」を訴え、参院選挙での民主党への支持を要請することになった。そういう動きのなかで、神野報告書をベースに、〝ともに生きる社会のための公共サービス憲章〟の制定を求める請願運動を行うことになった。その請願書の作成などを私が手伝い、年明けの平成一九年（二〇〇七）三月から署名運動をスタートさせ、参院選挙直前の同年六月には五〇〇万人を超える署名を集めた。参院選挙で民主党勝利の原動力の一つとなった。

平成一九年は国会で強行採決を続けながら、「美しい国」という優しい言葉で、国民の人気を得ようとする安倍首相の巧妙な策略で明けた。元旦、小沢民主党代表の私邸では、恒例の新年会が開かれた。民主党所属の国会議員や新聞記者らが大勢押しかけていた。久しぶりに菅直人代表代行と懇談する機会があった。数年前から始めた四国八十八カ所参拝の話題から国会運営の話となった。

菅　民主党は国会対策に弱点があり、参院選を控え、私が衆参両院を束ねる国会運営の責任者となりました。一度意見を聞こうと思っていましたが、丁度よかった。国会運営でもっとも留意しておくことは何ですか。

平野 二つある。まず、民主党の国会対策をみていると、先に理屈があって、それにこだわる癖があるんです。国会の議事法規の本質は戦時国際法のようなもの、状況は常に変化します。大事なことは直感で判断し、理屈で考えないこと。理屈は後でいくらでもつけられます。直感の判断が結果的にもっとも効果がありますよ。国会運営はトランプでいえば「ババ抜き」と同じ。最後に「ババ」(ジョーカー)を持った者が負けです。紛糾の経過はいろいろあり、途中で「ババ」を持つことは何度もありますが、絶対最後に「ババ」を握らないように。

この会談を機会に小沢代表の要請もあり、私は菅代表代行の国会運営のアドバイザーとなった。菅代表代行は、議院運営や国会対策の経験が少ないことを自覚していて、以後、問題が生じた際、電話で議論をした。それにしても、市民運動などの経験があり、政治展開についての直感力は名が「かん」であるせいか、きわめて秀れていた。一を聞いて百を知り、鋭い追及には感心した。

安倍政権は、前年(平成一八年)一二月一五日に成立させた「改正教育基本法」にみられるように、衆参両院の与野党で紛糾した議事で、一七回も強行採決を行った。一年足らずの首相在任中に、強行採決をこれ程乱用した強権政治は例をみない。「美しい国の醜い政治」なのか。

別の見方をすれば、安倍政権の与党である自民党と公明党が強行採決せざるを得なくなる状況に、民主党が国会審議で追い込んだからともいえる。

安倍首相を窮地に陥れたもう一つの要因は、閣僚の政治資金問題であった。前年（平成一八年）一二月二七日、佐田玄一郎・行政改革担当相の政治資金収支報告書の事務所費に不適切な処理があったとして、大臣が引責辞任した。類似の問題が松岡利勝・農林水産相にもあることが発覚した。松岡大臣は林野庁の林道工事疑惑も追及され、引責辞任の動きもあった。しかし、閣僚辞任が続くことによる内閣の弱体化を避けることが優先された。五月二八日、松岡大臣は議員宿舎で首つり自殺するという悲劇が起こった。後任の赤城徳彦・農林水産相も「事務所費」問題が浮上したが、国会の内外で批判の的にさらされたまま、参院選挙になだれ込んだ。

安倍首相は参院選挙に臨むにあたって、懸案問題の解決を図ったと、国民の前で胸を張った。それは、「改正教育基本法」、防衛庁を省に昇格させる「改正防衛庁設置法」、憲法改正の是非を問う「国民投票法」等々を成立させたことを指すものと思われる。「改正防衛庁設置法」の制定は、民主党も賛成したものである。特に安倍首相の功績というものではない。「改正教育基本法」については、何のための改正か、どのような日本人をつくろうとするのかが不明であった。

国民投票法の問題点

「国民投票法」については、自民党と民主党の間で議論になった問題であった。国民投票法は憲法附属法であり、憲法と同時に制定しておくべきであったが、それができなかったのは、占領軍によって一〇年間憲法を改正させないように抑えられていたからである。吉田茂元首相が講和独立の直後に制定する準備をしたが、当時の過激な憲法改正論の影響で、国会に提出することができなかった。

その後、昭和時代の間、国民投票法の制定について、国会での論議はなされず放置されていた。護憲論や改正論は政治論争となったが、国民投票法の制定論は政界にも学界にもほとんどなかった。平成一一年（一九九九）四月六日の参院決算委員会で、私が「国民の憲法改正権（制定権）を五三年間も放置してよいのか」と、宮沢喜一・副総理と野中広務・官房長官に糺したのが、ことの始まりであった。

その後、私が所属していた自由党が中心となって、草案もでき、超党派の議員連盟も結成され、国民投票法案の整備が行われていた。この法案は手続法とはいうものの、制定に当たってもっとも大事なことは、全会一致は望めなくとも、可能な限り多くの会派の賛成が必要であった。それは新しい憲法を制定する場合、それぞれ両院で三分の二の賛成が必要であるからである。従って出来れば社民党の賛成、せめて民主党の賛成が必要条件であった。

平成一八年、一九年と、自民党は船田元・衆院議員、民主党は枝野幸男議員が窓口となって、ほとんどの事項について合意ができていた。ただ一点、民主党の小沢代表が主張する「憲法だけでなく、国政の重要問題」についても国民投票できる制度とすることに、自民党と公明党は合意できず、与党だけの賛成で成立することになった。

民主党の枝野衆院議員は、小沢代表の主張に抵抗した。しかし、七月の参院通常選挙を目前にして、憲法に関係する法案を野党第一党が賛成して成立させることは、政治的には民主党が選択できるはずがなかった。自民党は民主党、特に小沢代表の姿勢を不誠実として、国民投票法案を両院で強行手段で成立させた。その結果、法制度はつくられたものの、わが国の憲法改正もしくは新憲法制定は、余程の変化がない限り五〇年間はできないようになったといえよう。

理由の第一は、制定された単純な国民投票制度では、両院での三分の二以上の賛成による発議という規定をクリアすることは不可能であり、何らかの工夫が必要であった。第二は、自公両党の強行突破により、今後、国会での冷静な憲法論議を中断させたことである。もっとも過激な憲法改正（悪）論者の政治判断が、結果として教条的護憲論に尽力するという歴史の皮肉が出現したといえる。

参院選の敗北と安倍首相の政権投げ出し

平成一九年といえば四月に統一地方選挙が、七月に参院通常選挙が予定されていた。いわば選挙の年といわれ、わけても参院選挙は政権交代の前提として、与野党逆転ができるかどうか、天下分け目の関ケ原の戦といわれていた。統一地方選挙では、民主党の達増拓也・衆院議員が岩手県知事に立候補し、見事当選したことが話題となった。平成八年一〇月の総選挙で、岩手一区から当選した達増氏は、キャリア外交官の経験を生かし、小沢一郎の側近として活躍していたが、知事という行政分野において新しい政治リーダーとして期待された。また、地方議会議員の選挙では、民主党候補が各地で出現したことが注目された。

第二一回参院選挙が近づくと、全国至るところに張られた自民党のポスターには、安倍首相の空を見つめる顔の横に「成長を実感に!」という大文字のコピーが目立っていた。当時のわが国は格差を実感する人々が国民の九九%で、成長に驕った人々が一%といわれるほどだったが、そんな悲劇との違和感が、自民党のポスターには感じられた。これと並んで、「政治は生活・国民の生活が第一」という民主党のポスターが小沢代表の怒った顔と共に張られていた。

選挙中、小泉前首相は「過半数を割っても参院に政権をつくる権限はない。責任とか辞める必然性はない」、麻生太郎・前外相は「たかが参院選挙だ。総理を決めるのは衆院だ」と、無責任な発言を繰り返した。さらにその「たかが参院選挙」で、安倍首相は「私を選ぶか、小沢民主党代表を選ぶか」と放言し、政治的に内閣総理大臣を選ぶ選挙に仕立てたのである。

七月二九日に行われた参院選挙の結果は、当選者の数で自民三七、民主六〇、公明九、共産三、社民二、国民新党二、新党日本一、無所属七であった。自民党の歴史的惨敗である。八月七日臨時国会召集日現在、自公与党で一〇四名、野党が一三八名という、与野党逆転となった。

自民党内には安倍首相退陣論があったが、小泉前首相や麻生前外相の誘導もあって、本人が政治家としての判断ができず居座った。一方、勝利した民主党の小沢代表は圧勝の美酒を飲む気になれなかった。体調を理由に党本部にも顔を見せず、翌三〇日、「お礼と誓い」の檄文を所属国会議員全員に発送した。「日本を一新する天命が、ついに我々に下りました。……今度の成果は、間違いなく大きな一歩です。しかし、まだ最初の一歩に過ぎません……」。民主党の国会議員に真の覚悟ができているのか。これを言いたかったのではないか。

多くのマスコミは、自民党の敗北を「国民はお灸をすえた」と論じ、一時的な現象だから反省すれば立ち直るという見方をした。自民党選対本部の総括も同じようなもので、相次いだ閣僚の不祥事が主な原因で、安倍政権の戦術的失敗とした。民主党も圧勝の原因を正確に総括していない。

二〇〇七年参院選挙の特徴を一言でいえば、投票構造の変化すなわち、国民の政治意識が変わりはじめたのである。投票率の全国平均は五八・六四％であった。前回（二〇〇四年）の五六・五七％、前々回（二〇〇一年）の五六・四四％と比べて、大幅に投票率が増加したわけではない。何故、自民党が惨敗したのか。これを解明すれば、日本政治の実態を理解できる。

民主党の勝利は、一人区の二九地方区で二三人を当選させたことにある。自民党は六人を当選させたが、歴史的地すべり現象を起こしたのである。特に、自民党の牙城といわれた四国で、四県とも自民党は敗北する「四国現象」という事態が発生したのだ。民主党高知県連代表として、現地事情を説明すると、次の特徴があった。

①自民党支持者が投票所に行かず棄権した。

②自民党支持者の一部が、小泉・安倍政治（弱者切り捨て）に反発、民主党に投票した。

③地域によっては、公明党支持者が連立相手の自民党に投票しなかった。

④「政治は生活・国民の生活が第一」の民主党の訴えに共感した共産党支持者や一部右翼の人々も民主党に投票した。

こういった現象を私は実感した。新たに民主党に投票した有権者の心情として、積極的に民主党を支持したというより、「自公政権」を続けていると、自分たちの暮らしが大変なことになる。日本でも政権交代で政治を変えてみなくては。そのため民主党を育ててみよう、という期待を感じた。民主党がこれらの期待にどう応えられるかが、これからの課題となった参院選挙であった。

安倍首相は、八月に内閣改造を行い、官房長官に与謝野馨、幹事長に麻生太郎を起用し、アフガン問題のテロ特措法を延長するかどうか、参院選挙で解明を公約した「消えた年金問題」など、難題を抱えたまま秋の臨時国会を迎えることになる。ところが九月一二日、衆院で安倍首相の所信表明に対する代表質問が行われる初日、本会議開会の数十分前、安倍首相は出席して答弁することを拒み、午後二時に記者会見して辞意を表明した。

理由は、小沢一郎・民主党代表に党首会談を拒否され、テロ特措法の延長が困難となり、政権を続ける自信がなくなったということであった。与謝野官房長官が数時間後、記者会見で「辞任は健康上の理由もある」と説明した。私はこれには仰天した。というのも八日前の九月四日、ジャーナリストとの会合で「安倍首相の退陣の時期はいつと思うか」との質問に答えて、「病気を理由に年内にはありうる」と発言していたからである。

安倍首相は参院選挙の政治責任をとって、投票日直後に辞任すべきであった。この判断ができない安倍晋三を、自民党総裁に選びそして自公両党が内閣総理大臣に選んだ責任は重大だ。さらに辞任の時期、理由、その後の不条理な政権運営は、議会政治の国では想定できない暴挙である。結局、安倍首相は入院し臨時代理を置くこともなく、自民党総裁選挙を行うことになる。二週間にわたる政治空白をつくり、九月二三日、福田康夫氏が麻生太郎氏を抑えて自民党総裁に就任した。

福田首相のねじれ政治

一年前の平成一八年九月、福田康夫という政治家は多くの国民に気をもたせながら、自民党総裁選挙から逃げていた。しかし一年足らずで安倍総理総裁が政権を放り投げたとなると、九派閥の中で麻生派を除く八派の談合により、平成一九年九月二五日、福田自公連立政権ができる。

内閣は安倍内閣の居抜きと呼ばれ、町村信孝・前外相を官房長官に起用し、外相の後任に高村正彦・前防衛相を横滑りさせ、防衛相に石破茂氏を充てた。党の体制は幹事長に伊吹文明、政調会長に谷垣禎一、総務会長に二階俊博、そして三役扱いとして古賀誠を選挙対策委員長に起用し、派閥均衡政治の再現となった。時代錯誤政権との批判がでる。

福田政権が発足しておよそ一カ月過ぎた頃、民主党との「大連立構想」が浮上し、大騒ぎとなる。参院選挙直後の八月、読売新聞が社説で提唱したのが始まりであった。読売新聞は、過去何回か自民党が弱体化して政権担当に不安が生じると、「大連立構想」を社論として提示して世論を誘導していた。現実性はないと私は思っていた。今回、渡辺恒雄会長が、仲介者として利用した民間人は小沢民主党代表の信頼する人であったがため、現実の話となった。福田首相にとっては、不安定な政権をとりあえず安定させるために、格好の話であった。福田首相と小沢代表は、極秘の会談を行い、一〇月三〇日、一一月二日と公式に「大連立構想」について会談することになる。

小沢代表によれば、政府与党は政権運営に切羽詰まっており、「テロ特措法」も譲る、小沢代表年来の主張である「国際安全保障論」も政府の憲法解釈を変更して実現化するとの話が、福田首相からあったとのこと。さらに、小沢代表としては民主党として政権交代を確実にするため、一旦「大連立」してその条件に、参院選挙のマニフェストで公約した「農業政策、年金、子育て、高速道路無料化」などの目玉政策を呑ませる、いわゆる〝虎穴に入らずんば虎子を得ず〟の戦略的大連立を、実行しようとした。

かくして、一一月二日の福田首相と小沢代表会談の後、小沢代表は「戦略的大連立のための政策協議」を始めることについて、民主党役員会に提案したが、了承されなかった。一部首脳から事前に知らせてもらえばと、残念がる話もあったが、このような「ポリティカル・ダイナミックス」に対応することは、当時の民主党体制には無理であった。それと、読売新聞というメディアを支配する人物が絡んだ政治に健全性はない。ここに問題がある。

小沢代表は「大連立のための政策協議」が破綻した責任をとって、辞表を提出した。これをめぐって、民主党内はまたまた大騒ぎとなる。私は「責任をとって辞任は当然」という意見であったが、江田五月・参院議長（民主党所属で無所属となる）から説得され、民主党国会議員の大多数の意見も踏まえ、「辞めるのやめた」のマスコミ対応に挑戦した。小沢一郎代表も死ぬほどつらい思いであったろうが、よく思いとどまった。

「大連立構想」が破綻した直後、福田内閣は「テロ特措法」の延長をはじめ政権運営に苦慮していた。与党の公明党が「テロ特措法を衆院で再議決に反対、故に臨時国会の会期再延長反対」という姿勢を示していた。さらに民主党が、「大連立構想」の秘密協議をマスコミから批判され、自民党との裏交渉を一斉拒否していた。

一一月三〇日、政界を引退している野中広務元自民党幹事長から電話があり、「平野さんも、衆院事務局の元職員として、また前尾元議長秘書として現状の国会のあり方を心配しているだろう。自民党と民主党で事前非公式協議ができるよう小沢代表を説得してほしい。そこで伊吹自民党幹事長に会ってくれ」とのことだった。

一二月四日正午から都内のホテルで、伊吹幹事長と会った。そこで民主党との水面下の交渉窓口をつくることを、小沢代表に要請することになった。その日に小沢代表と会い用件を伝えると、基本的に了解し、つなぎとしてしばらく私が連絡役を務めることになった。当面「テロ特措法」延長、すなわちアフガン対策のためにインド洋での自衛隊のガソリン給油活動をどうするかという問題がテーマであった。

十二月初め、小沢民主党代表が中国を訪問の予定で、帰国後、対応を検討することになっていた。ところが、公明党が突然変心し「臨時国会を再延長して、新テロ法案を衆院で再議決する」ことを、小沢代表が訪中の時期に決めた。公明党が変心した背景に、次の内閣改造で大臣のポストを一つ公明党に増やすとか、内閣官房副長官のポストを一つ渡すという情報が流れた。

十二月一四日、臨時国会は三一日間再延長された。正月をまたぐ異例のことである。これで「新テロ法（補給支援特別措置法）案」の衆院再議決が確定した。これにより、自民党と民主党の水面下の話し合いが、ますます困難となった。さらに、舛添要一厚生労働相が記者会見で「消えた年金・五〇〇〇万件問題」に対し、「来年三月までにすべての問題を片づけるといった覚えはない」と発言。これを福田首相と町村官房長官がこの発言を支えたため、国民から総反発を受けて年が暮れた。

激動の平成二〇年が始まる

年が明け、平成二〇年一月一一日、参院は「新テロ法案」を否決した。衆院に返付され、与党の自民党と公明党は、ためらいもなく再議決を断行した。この暴挙に対して、学者や有識者、マスコミ論調も強い批判は少なかった。各種の世論調査はすべて「新テロ法」の再議決に過半数で反対であった。

衆院の与党三分の二という議席は、小泉首相が郵政民営化の是非を巡る国民投票だと偽った選挙の結果である。しかし、直近の国政選挙である平成一九年七月の参院選挙では、民主党の圧勝で参院を与野党逆転させた。民意に配慮するのが民主政治である。再議決という憲法上の手続きがあるとしても、政治的正当性がなければ憲法に反する判断である。議会政治に悪例を残した。

平成二〇年の第一六九回通常国会が一月一八日に召集され、本格的国会論戦が始まった一月二一日、私は中日新聞東海本社主催の「中日懇話会」で、〝二〇〇八年の政治展望〟を話す機会があった。そこで新テロ特措法の衆院再議決の憲法上の問題点やガソリン税の暫定税率維持等をめぐる道路特定財源問題を取り上げ、福田首相が官僚支配から脱し、新しい経済の仕組みをつくることができるかという観点から、「国会会期中に三〇％ぐらいは衆院解散の可能性があり、場合によっては総辞職の可能性も三〇％ぐらいある」と予想した。

この予想ははずれた。しかし、私が講演の結びに述べた世界経済についての予想は的中した。それは「私はガソリン税問題も大事だが、金融投機資本主義の崩壊によるドル不安がもっとも危いと思う。年内にあるかもしれない米国経済の崩壊に対する認識が政治家にないことを危惧している。サブプライムローン問題が弾ければ、これまでの経済金融政策では解決できない。情報革命による新しい文明は、これまでの資本主義とは違う」という趣旨のものであった。平成二〇年春からわが国を襲った原油高騰を始めとする生活関連資材の値上がり問題とともに、「ポスト資本主義」に日本はどう対応するのか、という問題を突き付けているのである。

第一六九回通常国会は、「道路財源問題」「消えた年金問題」「後期高齢者医療問題」等々が、ねじれ国会の中、与野党の激突の種であった。

「道路財源問題」は、四月一日からガソリン税の暫定税率が適用期限切れとなることに対して、福田内閣は三四年間続けてきた暫定税率部分（年間約二兆六〇〇〇億円）をさらに一〇年間続けるため租税特別措置法改正案を提出した。さらに、今後一〇年間で五九兆円を投じるという道路整備中期計画関連法案も提出した。福田政権が道路族によって樹立したことによるもので、福田首相の守旧性が問題となった。

民主党を中心に野党は、四月からガソリン暫定税率を撤廃し約二五円を減税すること、道路特定財源を平成二〇年度から廃止し、道路整備の縮小など抜本的見直しを行うという、この二点を主張した。この問題で福田内閣を総辞職か解散に追い込むという方針で臨んだ。道路行政の改革問題は、小泉政権でも道路公団など特殊法人を株式会社に替えただけで、道路族の利権は温存されていた。自民党が存立する原点でもある。福田政権の道路行政は自民党の利権を復活させるものと、国民の反発を呼んだ。

ねじれ国会を活用した野党の攻撃は、道路官僚を始めとする官僚組織の税金浪費の実態を国民の前に明らかにした。福田首相の判断の遅れもあり、三月末までに租特法改正案が成立せず、ガソリン暫定税率が三四年ぶりに期限切れとなり、一カ月本則に戻り安くなり、国民は参院で与党少数の意味を実感した。

こうした中で福田首相は三月二七日、道路特定財源を平成二一年度から一般財源化する、さらに道路整備中期計画を一〇年から五年に短縮することを記者会見で発表した。これは自民党の了解を得なかったことであり、また、特定財源を一〇年間続ける法案を国会に提出したままの政策変更であった。

政府方針が自己矛盾をきたし、政治問題となる。それにしても、この政策変更が、衆院で総予算や租特法改正案を強行採決せずに、衆院の審議の中で表明しておけば、国会運営は正常に展開したと思われる。

結局、租特法改正案は参院で議決されず、四月三〇日に衆院で与党三分の二の多数でみなし否決し（参議院で否決したものとみなし）、再議決した。五月一日からガソリン暫定税率は復活した。また、五月一二日に参院は道路整備財源特例法改正案を否決し、翌一三日衆院は再議決した。道路財源問題は、政府と自民党・公明党の間で、福田首相の方針を了承する合意ができた。

しかし、一般財源化の方針を法的に保障したものではなく、一〇年間の特定財源五九兆円を内容とする法案を衆院与党三分の二の力ずくの再議決で強行成立させた。閣議決定で平成二一年度の予算編成時に調整するようだが、閣議決定が政治の力で変更されることは、自民党政治でしばしばあることだ。道路財源をめぐる福田首相の公約が実行されるかどうか保証の限りではなく、これからの重大政治問題として残された。

「消えた年金問題」は、平成一九年七月の参院選挙で当時の安倍首相が「三月には、最後の一人まで解決する」と国民に公約したものである。三月一四日、社会保険庁は、消えた年金記録五〇九五万件について、「未統合の記録」を公表した。それによると解決済みは一〇六五万件、全体の二〇・九％で、未解決は二八五八万件、五六・一％であることが明らかにされた。

これに対して野党側は、衆参両院のそれぞれの機関で「三月末までに最後の一人まで記録をチェックして、支払う」という公約に違反するものだと、厳しく政府を追及した。福田首相が「いろいろ不測のことなどもあり、すべて予定どおりというわけにはいかなかった。誤解を与えた、過分の期待を持たせたという意味でお詫び申し上げなければならない」と謝った。

その後、「ねんきん特別便」などにより解明が行われているが、社会保険庁の杜撰な事務や不祥事が明らかになり、年金の名寄せなど真の解明は絶望的な状態にある。平成二二年一月には社会保険庁は「日本年金機構」に衣替えするが、年金行政は日ごとに国民の不信を高めている。

「後期高齢者医療問題」は、小泉内閣時代の平成一八年に、これまでの「老人保健制度」にかわって「後期高齢者医療制度」として立法され、平成二〇年四月一日から施行された。そのねらいがお年寄りを七五歳以上から区別して、別に負担を求めて医療費を削減しようとするもので、「平成の姥捨山」と呼ばれて国民の強い反発を受けた。

政府側の説明不足もあり、医療費の負担の増大、年金から保険料が天引きされる仕組み、保険料滞納に対する措置が厳しいことなどが問題となった。この制度の背後には、五年間で社会保障費を一兆一〇〇〇億円削減するという、小泉財政再建がある。郵政解散・総選挙後という異常国会で、与党自公両党が強行採決で成立させた医療制度であった。国民の厳しい批判の中で、野党は「後期高齢者医療制度廃止法案」を参院に共同で提出し、会期末の六月六日に可決して衆院に送付したが、衆院では継続審査となった。野党の考えは制度廃止としたうえで、社会保障制度の抜本改革で最重要問題に据え、高齢者を大事にする制度を創ろうというものである。自公与党は制度の骨格を変える必要はないとして、法改正しない範囲の変更を目指している。この問題の解決には今後、与野党の厳しい対立が予想されている。

「道路財源問題」「消えた年金問題」「後期高齢者医療問題」などで、国中が大論争している最中の四月二七日、衆院山口二区の補欠選挙が行われた。結果は、民主党公認の平岡秀夫候補が自民党公認候補に圧勝した。勝因は、これら三つの政策における福田自公連立政権に対する批判にあった。「道路」「年金」「医療」という国民生活に直結する問題の政策調整に、福田自公連立政権は完全に失敗した。

それを実証したのが、四月末からの連休中に行われたマスコミ各社の世論調査である。福田内閣の支持率が著しく低下し、民主党への支持率が自民党のそれを大幅に超えたのだ。政党の支持率は常に変化があり、固定して考えるべきではないが、この調査からは国民の政治意識が質的に変化したことが読める。これまでは内閣支持率が下がっても野党第一党の支持率が上がることは、日本ではほとんどなかった。それは日本人の多くが、政権交代を期待していなかったからだ。

ところが福田自公政権は小泉政治の格差問題という負の遺産に加えて、三つの重要政策が失敗したことで、日本人の多くが政権交代を現実のものとして考えるようになった。連休後、多くの世論調査が行われているが、「次の政権はどの政党が中心となるのが望ましいか」との質問に、どの調査も共通した答えとして、「民主党を中心とする政権が望ましい」が、他を大幅に引き離している。日本人は民主党が中心の政権へ交代することを期待しているのだ。ただし問題は「民主党に政権担当能力があるか、どうか」にある。

その検証材料として「福田首相問責決議案」提出問題があった。与党が嫌がりいろいろ文句をつけることは当然のことだが、民主党内での議論には聞くに耐えない暴論があった。第一に事前に党内で、可決となれば参院での福田内閣に関わる審議を一斉拒否するという流れをつくったことである。国会審議は状況適応が本質であり、初めから自分に枠をはめこむべきでない。

参院での首相問責決議は法的効果を生じるものでなく、政治的効果をねらいとするものだ。政治的効果とは、その時点の状況と展開で重大となったり、批判の対象となるものである。民主党執行部は、今回個別の重要議案の強行再議決で問責決議案を提出せず、会期末に至り、第一六九回国会常会の総括として、福田首相に職責を担当する資質なしという趣旨として提出した。そのねらいは福田自公連立政権の政治や政策の問題点を整理して、国民に提示し、これからの野党の活動の姿勢を示すことにあった。

この福田首相問責決議案の提出と可決に対する世論調査の結果は、ほとんどは過半数が評価するものであった。種々意見があったが、参院での福田首相問責決議案の提出意図と時期については、一応の成功といえる。それを民主党反執行部の複数の元首脳たちが、国会が終了して時間が経た後になって、テレビに出演して「福田首相問責決議案はガソリン暫定税率の再議決の直後に提出すべきであった。会期末の提出は間違いだ」などと執行部を批判した。国会対策上の判断について、無責任な評論家的発言を行うという民主党元首脳たちの自制心が欠けていることに、政権担当能力についての問題点を感じる。

福田首相の自己破産政治

「ねじれ国会」の効果を国民に見せつけて、第一六九回通常国会は、六月一五日に終わった。福田首相はこの国会で失った支持率の回復を、七月七日からのＧ８サミットに懸けることになる。この洞爺湖サミットは、安倍首相時代に設営されたものであるが、福田首相にとっては父の赳夫が東京で開催し議長国となる機会を、角福戦争で逸した因縁の催事であった。「地球温暖化防止・CO_2抑制」をテーマとして福田首相は政権の浮揚に利用しようとした。

三日間の日程を終え、日本の主要新聞が報道したのは、「五〇年半減　国連の場へ」「温暖化交渉に弾み」、「主要排出国　協議継続で合意」という見出しで、福田議長総括を評価するものであった。欧米のメディアは総じて、地球温暖化問題でＧ８の指導者全員が、本気で防止についてリーダーシップを取らず、具体的な数値による抑制策が合意されなかったことで、失敗と報道した。

今回のＧ８サミットは、原油や穀物の投機による高騰で、世界中の人々が注目していた。それはＧ８が進めてきた市場経済原理による金融投機資本主義を放置しておいてよいのか、という問題であった。地球温暖化問題の根本もここにある。これに対して何のコメントもなく、首脳や夫人たちが豪華な食事を楽しんでいるテレビ報道を、国民は見せつけられた。

洞爺湖サミットが終わり、世論調査の結果は福田首相の期待どおりとはならなかった。当然のことである。原油や穀物の高騰をはじめ、わが国の生活関連資材の値上げは、単なるインフレ現象ではない。これまで他国を犠牲にして豊かな社会をつくった反動として、歴史的構造的な問題が潜んでいる。国民は理屈ではなく直感的に、これからの生活に不安を持っているのだ。そのことに気がつかない福田自公内閣に不信感を募らせた。

政権浮揚策にことごとく失敗した福田首相は、最後の賭けに等しい自民党四役と内閣改造に踏み切った。衆院議員の任期切れが来年（平成二一年）九月に迫るなか、総選挙に勝てる体制づくりでもあった。八月一日夜、事実上発足した福田改造政権は、昨年九月の総裁選挙のライバルで福田首相と距離を置く麻生太郎を口説いて、幹事長に起用した。さらに財政再建・増税派の与謝野馨を経済財政担当大臣に就任させた。

福田首相が麻生太郎に幹事長就任を要請する際、「政権の禅譲を密約した」という情報が流れた。二人は否定したが、この情報は消えないどころか、仲介した森元首相のテレビ番組での思わせぶりの発言で定着した。国民の多くは「二人だけの密室で首相の交代が決まる時代ではない」と反発、改造人事は世論の支持を受けなかった。

改造の内容も、伊吹前幹事長の財務大臣就任は旧大蔵官僚の里帰りで批判を受ける方が多かった。谷垣前政調会長の国土交通相や二階前総務会長の経済産業相就任も、政策的判断によるものではなく、玉突き人事の結果であり、古賀選対委員長も麻生氏の反対にも拘わらず、四役として留まった。驚くべきことは、特別の派閥に偏らない超派閥均衡政権であり、しかも九派閥の中で六人の派閥会長が、自民党四役か閣僚という異常さである。このような派閥人事は、自民党結成以来なかった事態である。自民党の存立にかかわる大変事の予兆と感じるものであった。

この内閣改造で注目されたのは、公明党の対応である。冬柴前国土交通相が斉藤鉄夫環境相に交代した。福田首相は太田公明党代表に「公明党から女性を一人増やして入閣させたい」と要請したが、断られたとのことである。具体的なやりとりは別として、公明党が福田首相から距離を置き始めたのは事実で、政局緊迫の火種となった。福田政権は改造により一段と不安定さを増した。景気対策や新テロ法の延長、さらに消費者庁法案などを審議する臨時国会のありかたについて、政府・自民党と公明党の意見の対立が、猛暑の中で続いた。

自民党にとっての大変事が、九月一日に発生する。福田首相が政権浮揚の切り札とした洞爺湖サミットは、国民の目に、任期を半年残したブッシュ大統領の送別会としか映らなかった。八月一日夜、事実上発足した福田改造内閣も、政権譲渡を麻生幹事長に密約したと噂され、古い体質の自民党に戻ったという印象を強めただけであった。

政局のイニシアチブを握ろうと、福田首相は臨時国会を八月中に召集し、景気対策と来年一月に期限切れとなる新テロ法の延長を行うべく、自民・公明の与党に要請した。しかし、早期解散と再議決を前提とした新テロ法の延長に抵抗する公明党が、九月下旬の召集にこだわりを見せ、福田首相の意向は再三にわたって無視された。

さらに、景気対策に対する基本的な考え方において政府与党の中で混乱した。結果は、公明党の主張に自民党が連立を続けるため妥協し、福田首相が避けようとしたバラマキ政治の典型である「所得税・住民税の定額減税」を平成二〇年度内に実施することになった。福田首相にとっては耐えがたい屈辱を受けた。政府与党で臨時国会の召集を九月一二日と合意し、景気対策も公明党の主張を丸呑みして秋の政治日程が固まったのが、八月二九日（金）であった。ところがその日の夜、福田首相は辞意を決意した。想定できない不見識さである。

九月一日（月）の夕刻、突然、福田首相が午後九時半に緊急記者会見という情報が流れた。「辞意の表明か」、ひょっとしたら「北朝鮮訪問か」、という憶測が走った。緊急記者会見は、これが政治家かと疑いたくなるものであった。辞める理由を、民主党の審議拒否で重要案件が決まらないこととし、新しい布陣にまかせるため国民に迷惑をかけない政治空白を避けるタイミングを選んだと発言し、国民に対する詫びはなかった。「首相の会見がひとごとに聞こえるが」という記者の質問に、「私は自分自身を客観的にみることができる。あなたとは違う」と逆ぎれまでした。

日本国の内閣総理大臣の職にある人間が、ましてや自分自身を客観的にみることができるという人間が、果たしてこのような辞め方、政権放棄をするであろうか。責任に対する見識、議会政治の中での首相の立場に対する自覚のなさ、世界の議会政治でも想定できない不条理な行動であった。福田首相の自公政治は自己破産した。かくして、わが国では一年間に二人の首相が政権を投げ出すという悲劇が発生した。

自民党総裁選挙は九月一〇日告示、同二二日に選挙という日程となった。一方民主党代表選挙は九月八日告示、同二一日選挙という日程が決まっており、事実上、小沢代表の無投票当選が確定していた。福田首相のいう辞任発表のタイミングは、自民党総裁選挙をテレビなどメディアを利用して派手に行い、国民の支持率を上げて総選挙に臨み、政権交代を阻止しようという目論見《もくろみ》である。国民有権者は、自民党にここまで嘗《な》められているのだ。

オタク政治家、麻生首相の登場

自民党総裁選挙は、麻生太郎、与謝野馨、小池百合子、石破茂、石原伸晃の五人が立候補した。福田首相が目論んだ「自民党政権維持」のための談合イベントは、不況で苦しむ全国一七カ所での街頭演説など鳴物入りで行われた。国民の目は冷静で、麻生太郎を選ぶ出来レースであることを見抜いていた。

九月二二日、自民党大会で麻生太郎が全体の三分の二の得票で、第二三代総裁に選ばれた。麻生新総裁圧勝の要因は、総選挙前に麻生人気に依存しようとする議員心理によるものであった。また地方の党員が麻生候補の「バラマキ政策」に期待したことにあった。「漫画オタク」の人気が、政治家としての国民的人気となるか疑問である。さらに昭和四〇年代高度成長期のバラマキ政策を取るとは、古い自民党談合政治への里帰りを意味する。

小泉構造改革は米国の金融投機資本主義を日本に強制導入した。これがいかに誤ったものか、昨今の米国の経済混迷を見ればわかるだろう。麻生総裁が「日本経済は全治三年の不況だ。これを完治させる」と謳い、そのための景気対策として、公共事業を中心とする補助金バラマキで政権を続けようとしている。こうした発想が役に立たないことは、歴史が実証している。問題は、現代資本主義の実態とは、二〇世紀のそれとは比べようがないほど、異常に変質したのを理解していないことである。要するに麻生総裁には歴史観が欠如している。

小泉首相の後、自民党は安倍晋三→福田康夫→麻生太郎と、トップリーダーの首をすげかえてきた。よく点検すると、小泉首相の下で安倍氏は幹事長と官房長官、福田氏は官房長官、麻生氏は政調会長と総務大臣という要職にあった。日本を崩壊させた小泉構造改革の共同責任者である。

その責任者たちが、小泉政治を批判しながら、次々と政権を投げ出していく。その成れの果てが麻生太郎総裁の現実であった。麻生太郎は、平成二〇年九月二四日、第九二代内閣総理大臣に就任した。同日発足した麻生内閣をマスコミは、麻生流「お友達内閣」、論功行賞、文教族で固め、さらに首相経験者の孫と子が四人もいるという異様な政権と評した。この異様な政権をつくる自民党総裁選挙の最中に、米国経済は世界恐慌につながる破壊への道を走り始めていた。

九月七日、連邦住宅抵当金庫と連邦住宅貸付抵当公社の実質破綻。同一五日、リーマン・ブラザーズの経営破綻、メリルリンチがバンク・オブ・アメリカに買収された。翌一六日、米国最大手の保険グループＡＩＧが、連邦準備制度理事会（ＦＲＢ）から約九兆円の公的資金を導入し、事実上国有化された。同二五日、ワシントン・ミューチュアルが破綻した。さらに同二九日、米国下院は不良債権買取りを内容とする「金融安定化法案」を否決、ダウ平均株価が七七七ドル安を記録、これをきっかけに世界中で歴史的な株安が発生した。そして金融危機は米国から始まり、ヨーロッパ、アジアと世界恐慌の前夜となった。

予見された米国経済の破綻

この金融投機資本主義の破綻は突然発生したのではない。米国の住宅バブル、すなわちサブプライムローン問題が、直接の原因である。しかし根本は、金融工学といわれるまでに進化した金融資本主義の崩壊である。健全な歴史観を持つ常識人なら数年前から予測できたことである。私は二年前の平成一八年（二〇〇六）九月に〝資本主義の崩壊を前にして〟というテーマで予測していた。要旨を載せておく。

「米国の資本主義が健全で信用されるものであり、世界の経済を調整する力があれば、資本主義は続くだろう。しかし、どうやら米国の資本主義に限界が見えてきた。グリーンスパンFRB議長は、辞任直前に〝米国の財政赤字と貿易赤字は、もはや制御できなくなった。制御できなくなったものは財政赤字や貿易赤字だけではない。米国の投機資本家たちの制御も不能となった〟と述べた。

米国の経済危機の引き金をひくのは、外国ではない。米国の政府や投機資本が展開するマネー・ゲームである。その端的な例として、住宅バブルの崩壊が始まった。また、石油バブルも世界中を揺さぶるようになった。ドルがペーパー・マネーとなって、四〇年近くなる。巨大な債務を抱えた米国資本主義のもと、ドルの信用不安がいつ起こっても不思議ではない。

投機資本家は、世界で獲物を漁り尽くした挙句、とうとう米国人自身の生活を襲うようになったのだ。米国で住宅バブルが弾ければ、どうなるか。米国経済は混迷し、世界恐慌に転化するのは目に見えている。そのカウント・ダウンは始まっているのだ。制御機能を失った後期資本主義の行く末は地獄である。米国も日本も世界も、いま、地獄の入口に立たされている。

小泉政治の五年間は、国民を騙して崩壊寸前の米国投機資本主義を、日本に導入しようとしたものだ。それまでの談合資本主義も困ったものだ。坂本龍馬のいう〝日本の洗濯〟をこれから試みるとするなら、投機資本主義でも談合資本主義でもない、新しい健全な資本主義を創ることである」

というものだ。

この話を福田首相が政権を投げ出した直後の九月上旬、小沢民主党代表に説明したところ、「昨年の参院選挙で〝国民の生活が第一〟の政策理念をつくったのは、その予感があったからだ」と語った。さらに民主党代表選挙での〝政権構想〟や総裁選挙の公約に、「日本型セーフティネットを整備して、混乱する国民生活を守ったうえで、公正で活力のある市場経済社会を創るようにする」とも言った。

天皇を政治利用した麻生演説

麻生首相の最初の仕事は、国連総会での演説であった。演説中、同時通訳システムの故障というハプニングがあり、訪米中に中山成彬・国交大臣が「日教組を解体する」など暴言を連発し、更迭されるなど厳しい船出となる。九月二九日の衆参両院での所信表明演説では、小沢民主党代表に補正予算や関連法案、新テロ法の延期などに賛否の態度を表明することを強要した。

さらに演説の冒頭、「わたくし麻生太郎、この度、国権の最高機関による指名、かしこくも御名御璽をいただき、第九二代内閣総理大臣に就任いたしました」と発言した。これは天皇の政治利用に類するもので、天皇名を使って政府の提出議案に応じよという、潜在意識がもたらしたものといえよう。議会政治は国王の権利を制限したり剝奪する歴史で発達したものである。明治憲法下においても、首相の所信表明でこのような表現を使用したことはない。

この発言は、本来取り消すべき性格のものである。単に憲法の手続きを述べたものとの言い訳は通じない。首相の発言が任命権者天皇の責任に及ぶことになりかねない発言である。麻生首相が議会政治に対してまったく見識がないことを証明するものである。また、マスコミ論調や有識者からの問題提起もほとんどなく、いかに今日の日本人の議会政治に関する感性が劣化したか、誠に残念な問題である。

思えば大正元年、桂太郎・内大臣兼侍従長に組閣の大命が下り、新党を結成しようとした際、一連の政治行動を天皇の意向であると、桂首相が衆院本会議で答弁したことがあった。憲政擁護派が「桂内閣不信任決議案」を提出し、その趣旨弁明に立った尾崎行雄が「玉座を以って胸壁と為し詔勅を以って弾丸に代へて、敵を倒さんとするものではないか……」と迫った。この演説を機に第一次護憲運動、大正デモクラシー運動が始まるのである。平成二〇年間の政治を執筆するにあたり、現在の日本人の政治的劣化を感じる。

一〇月一日、衆院本会議で代表質問に立った小沢民主党代表は、「私の所信表明」として、改めて「国民の生活が第一」を政治理念とする日本型セーフティネットを構築することを宣言した。「新しい生活をつくる五つの約束」というもので、①全ての国民が安定した生活を送れる仕組み、②安心して子育てと教育ができる仕組み、③まじめに働く人が報われる雇用の仕組み、④地域社会を守り再生させる仕組み、⑤国民の生活コストを安くする仕組み、で、それぞれに具体的政策と二〇・五兆円の財源を明確にする工程表を説明した。

小沢民主党代表は、所信表明代表質問で以上五項目を次期総選挙の政権公約（マニフェスト）とすることを表明、「新しい生活をつくる五つの約束」と名づけた。麻生首相の答弁は、所信表明代表質問に答弁しない小沢代表を激しく批判したものの、誠実な発言はなく論議はかみ合わなかった。

解散をめぐる麻生首相の食言

衆参両院の代表質問で論争の焦点になったのは、衆院解散の時期であった。麻生内閣は成立の経過からいっても選挙管理内閣であった。八月中旬から当時の麻生自民党幹事長と公明党で年内早期解散のための臨時国会の召集が極秘に話し合われていた。臨時国会の召集日や会期、そして景気対策の補正予算、新テロ法の延期等が、福田首相の政権投げ出しの原因となったといわれている。

福田首相が政権という地位を棄てて、麻生幹事長に譲ることで総選挙において勝利し、政権交代を妨害するというシナリオがあったことは事実である。代表質問が終了する一〇月三日頃に解散して、同月二六日には投票という情報が、まことしやかに報道されていた。しかし、麻生首相は解散について、考えていないと答弁をくり返した。理由は、金融危機の経済対策や当面の課題を優先すべきで、政治空白をつくるべきではないということであった。

野党は、政治空白をつくったのは福田自公政権であり、選挙管理内閣の麻生首相は早急に衆院を解散すべきで、民意による正当性のある本格政権をつくることで、政治空白が解消され、経済対策が樹立できると主張した。麻生首相の本音は別のところにある。九月末に実施した自民党の世論調査で、現状では自公政権は維持できないという結果が明らかになったからである。自民党内に解散延長論が強まり、平成二一年五月あるいは九月の任期満了選挙論まで出て、年内早期解散にこだわる公明党と厳しく対立した。

金融危機を理由に早期解散を回避しようとする麻生内閣に対峙する民主党は、必要最小限の当面の景気対策である補正予算に賛成し、また新テロ法の延期も反対であるが審議に応じる国会対策を採った。麻生首相の政治姿勢や政策への批判を弱め、解散回避の理由を消却する作戦に変更したわけだ。その矢先の一〇月一〇日、「文藝春秋」一一月号は、麻生首相が執筆した「強い日本を！　私の国家再建計画」を発表した。

そこにはサブタイトルを「小沢代表よ、正々堂々と勝負しよう。私は絶対に逃げない」とし、文章の中に「国会の冒頭、堂々とわが自民党の政策を小沢代表にぶつけ、その賛否をただしたうえで国民に信を問おうと思う」という部分があった。記者団の質問に麻生首相は「解散するとも、その時期についてもふれた文章ではない」と述べた。常識からすれば「国民に信を問う」とは解散総選挙のことである。「国会の冒頭」とは「国会を召集した直後」という時期を示すものだ。麻生首相の国会や記者団への発言は食言であることがわかる。

問題の多い「新総合経済対策」

平成二〇年（二〇〇八）一〇月三〇日午後六時、麻生首相は緊急記者会見を行った。評判の悪かった補正予算に追加するもので、「新総合経済対策」と称して発表した。財政支出五兆円、総事業規模二六・九兆円で、第二次補正予算を編成する方針を示した。衆院の解散について「政局より政策、何より景気を回復という世論の声が圧倒的だ」とし、「然るべき時期に私自身が判断する」と明言を避けた。

この追加経済政策は、もともと年内の解散総選挙のため自公連立政権の共同公約としてつくったものだ。麻生首相は総選挙の時期を最初は一一月二日、次に同月三〇日と、二度にわたって公明党と密約し、自民党内でもそれぞれ準備を指示していた。麻生首相は総選挙を見送った理由を、「政局より政策」と言ったものの、真意は各種の世論調査が、自公政権を維持できない敗北の結果であったことによる。与野党とも一〇月に入って、総選挙モードになっていたため、与党内に亀裂を生じ政権維持に問題を残した。これから野党も厳しい国会対策で麻生政権を攻撃するだろう。年内総選挙は見送られたものの、年末年始の解散、年始の総選挙にはまだ可能性が残されている。

問題は「新総合経済対策」の内容である。小沢民主党代表が代表質問で提示した「新しい生活をつくる五つの約束」という日本型セーフティネットと二〇・五兆円の工程表に対抗させた。総選挙となれば、自民民主それぞれのマニフェストとして、国民的に論議されることになる。

麻生首相が説明した主なものは、生活者対策として、定額給付金の支給（二兆円）、住宅ローン減税（一・二兆円）、雇用保険料引き下げ（六〇〇〇億円の負担減）、高速道路料金引き下げ（五〇〇〇億円）、介護報酬引き上げ（一二〇〇億円）、子育て支援引き上げ、証券優遇税制の延長、妊婦検診の無料化（一三〇〇〇億円）、中小企業対策として、資金繰り支援（五〇〇〇億円）、法人税率の軽減税率の引き下げであった。地方対策としては、地方自治体に配る交付金の設立（六〇〇〇億円）である。なお、財源については明確な説明はなかった。

いくつかの問題点が各方面から提起されたが、一つだけ取り上げておく。二兆円にのぼる「定額給付金の支給」である。公明党の要求で始まった「定額減税」が変化したものだ。所得制限せずに全世帯に一世帯四人家族で約六万円支給という内容である。生活に困る人たちを支援することは大事なことであるが、制度でなく一時的にバラ撒くという政治家の感性は、文明国のやることではない。

自公政権よ、狂ったのか、と言いたい。閣内からも「何千万円もの年収のある人に支給するのはおかしい、所得制限すべきだ」（与謝野経済大臣）との異論が出た。一方、中川財務大臣は「手続きが複雑になるので全世帯支給でやむを得ない」と、意見は一致していない。まっとうに所得制限をするためには法律を要するがそうしないのは、ねじれ国会で混迷を避けるためだ。

さらなる問題は麻生首相の「消費税率引き上げ」の名言である。「大胆な行政改革を行った後、経済状況を見た上で、三年後に消費税の引き上げをお願いしたい」との発言である。記者会見の当夜、公明党の幹部まで「責任ある態度」と評価していた。翌朝の各紙が一斉に一面トップの大見出しで「三年後、消費税引き上げ」と報じた。山口那津男・公明党政調会長が「三年間は消費税を上げないということだ」と弁解するに至っては、言語道断だ。自民党内では「景気回復してからの話」と、無責任この上ない事態となった。

歴史観のない麻生首相

麻生首相の経済政策の問題点は、経済の現状について「一〇〇年に一度の金融災害とでも言うべき米国発の暴風雨」という認識を記者会見の冒頭で示したにもかかわらず、この経済危機を「全治三年」として発言を取り消していないことである。これからますます深刻化するわが国の実体経済が、三年で全治するはずがない。グリーンスパン前FRB議長の見解を真似たようだが、私はこの認識は間違っていると思う。

二〇世紀まで続いていた資本主義は、近代西欧思想の合理性、効率性を正義として発展したものだ。時間とともに資金や資産の増殖に倫理性が失われ、合理性と効率性の極限の経済学としてつくられたのが「金融工学」であった。この「金融工学」が、コンピューターやインターネットの発達による産業革命で、投機資本主義として悪魔化し、人間が資本や資金の投機対策として犠牲になったのが、サブプライムローン問題の原因だ。いま問われなければならないのは、資本主義の在り方だけではなく人間の在り方である。

われわれは、二一世紀にふさわしい健全な市場経済社会を創造する責任がある。それはポスト資本主義の国づくりであり、社会づくりである。次の衆院総選挙は、各党から投機資本主義の崩壊に伴う混乱から、人々をどう守るか、新しい国づくりの仕組みをどうするか、という問題が提起されるべきである。

麻生首相の「新総合経済政策」なるものには、こういう歴史認識が欠けており、五〇年前の高度成長期、自民党一党支配で行ってきた官僚の持ち寄りによる「選挙対策用のバラ撒き政策」から一歩も進歩していない。一方、小沢民主党代表が一〇月一日の代表質問で提示した「新しい生活をつくる五つの約束」は、市場万能主義の過激な競争で生じた「格差と不公正」の結果、経済や社会そして国民生活が崩壊している現状を認識したものである。その対応として、国民生活を守る「日本型セーフティネット」として位置づけている。

しかし、自公政権の「新総合経済政策」も民主党の「新しい生活をつくる五つの約束」も、一般国民から同質の選挙用バラ撒きだと見られている。理由の一つは自公政権からの攻撃だ。自公政権の既得権が奪われるからだ。官僚も同じ発想である。さらに勉強不足のマスコミや評論家が、表面的なことだけを見て解説することからも影響を受けている。根本原因は、民主党所属国会議員の多くが、「日本型セーフティネット」なるものを整備するとの意識について、認識が不足していることにある。そのため説明が十分にできないのだ。

いかなることがあっても、来年の平成二一年（二〇〇九）の秋までには、総選挙が行われることは確実である。解散の可能性も年末年始の時期に残されており、次の第四五回衆院総選挙は、格別な歴史的意義を持っている。それは本格的政権交代が日本で実現して、真の議会民主政治が確立されるかどうか、という問題だけではない。日本での本格的政権交代の実現が、健全な市場経済社会の実現、すなわちポスト資本主義の国づくりに直結しているからである。

次の総選挙で新しい社会が開けるか

西欧の思想や文化が日本の発展にもたらした貢献は大きい。しかし、西欧の価値観から生まれて発展した資本主義の極限が、金融工学による投機資本主義である。時代から去った共産主義、社会主義も西欧の価値観から生まれたものであった。共に生き共に幸せになろうという社会の仕組みを創るためには、東洋の文化や価値観が欠かせない。日本の役割は大きい。

金融投機資本主義の崩壊に伴う日本の実体経済は、予想もつかない厳しいものとなろう。それを乗り越えるために「日本型セーフティネット」の整備が、どうしても必要なのである。それが成功すれば、ポスト資本主義の社会の仕組みとして世界の国々のモデルにもなろう。次の総選挙の本当の意味は、従来の資本主義の発想で、過激な競争で負けた者を適当に救済すればよいという二〇世紀の発想の政治を続けるのか、それとも公正で自由な競争に負けたとしてもセーフティネットで再挑戦できる「共生社会」をつくる政治に交代できるかの選択である。

本書の執筆を終えた一一月五日、米国の大統領選挙で民主党のバラク・オバマ氏が選ばれた。史上初のアフリカ系黒人大統領が誕生し、「米国の変革が到来した」と演説した。

あとがき

この世に生を受けて七三年、さして趣味というものを持たない私に、一つだけそれらしいものがある。最高権力者に綽名《あだな》をつけることだ。世に知られているのは「鮫の脳ミソ・蚤の心臓」という作品である。

本書の執筆中、無性に麻生太郎首相の綽名をつけたくなり、「尻尾を隠さず化けようとするオタク狸」を思いついた。記者会見で、選挙用のバラ撒きをたっぷり説明した後、三年後に消費税率の値上げをお願いすると言った。衆院解散について「解散するとも、時期も言っていない」と強弁しながら、月刊誌で時期を明らかにして解散するとの論文を発表したことなどを参考とした。

ところで、平成時代になって「解散権は首相の専権事項」ということが、何の疑いもなく日本国中で通用している。果たして正しいことだろうか。念のため、憲法などを調べてみたが、解散権は首相の専権事項とはどこにも規定していない。

解散は現実の政治の中で、さまざまな力関係、議会政治や憲法の原理などとの衝突、政治的利害や思惑が入り混じり、重なり合って、最後に閣議で決定する政治ドラマである。首相が反対する閣僚の首を切る権限を持っているだけである。

嫌なこと言うて席立つ寒さかな

これは吉田茂元首相の従弟で、衆院議長や副総理などを歴任した林譲治の俳句である。五〇年昔、私が直接聞いた話だ。昭和二九年（一九五四）一二月、第五次吉田内閣で吉田首相が造船疑獄などを乗り切るために解散を決意するが、閣僚や党長老たちが総辞職を説得した一シーンである。

麻生首相の祖父・吉田茂元首相は、解散についてさまざまな話題をつくった政治家であったが、首相としての最後の判断は憲政の常道を護ったと、林譲治先生の話であった。

解散権は憲法上、内閣の助言によって行われる天皇の権限である（第七条）。首相の個人的専権事項などではない。それを小泉内閣以来、首相個人がどうにでもできる権限だという風潮が固まってきた。正当かつ適切な判断で衆院が解散されることが、議会民主政治の原点である。三人の首相が盥《たらい》まわしで代わり、総選挙という民意を受けないまま続ける政権に正当性はなく、政策の実現もできない。

現在の経済危機は、ポスト資本主義の国家社会づくりを政治が提起しない限り、解決できるものではない。「政局より不況対策」と言って、生活に不安を感じる庶民を騙し続けることには限界がある。

平成一七年（二〇〇五）八月、小泉首相は郵政民営化法案の国民投票と言って、国民を騙して憲法違反の解散を行った。このとき私は、「国民を化かす天才でニヒルな狐」と綽名をつけた。平成政治の二〇年間は、森談合クーデター政権の樹立といい、議会政治や憲法原理が崩壊していく政治の連続であった。

著者略歴

平野貞夫《ひらのさだお》

一九三五年高知県生まれ。
六〇年、法政大学大学院政治学専攻修士課程修了後、
衆議院事務局に就職。
園田直副議長秘書、前尾繁三郎議長秘書などを経て
九二年、参議院議員初当選。
自由民主党、新生党、新進党、自由党などを経て
二〇〇三年民主党に合流。議会運営と立法過程に
精通する政治家として評価される。
〇四年、政界引退。
『昭和天皇の「極秘指令」』
『公明党・創価学会の真実』など著書多数。
ジョン万次郎研究者としても知られる。

幻冬舎新書 105

平成政治20年史

二〇〇八年十一月 三十 日 第一刷発行
二〇一〇年 四 月二十五日 第三刷発行

著者 平野貞夫

発行人 見城 徹
編集人 志儀保博
発行所 株式会社 幻冬舎
〒一五一-〇〇五一 東京都渋谷区千駄ヶ谷四-九-七
電話 〇三-五四一一-六二一一(編集)
〇三-五四一一-六二二二(営業)
振替 〇〇一二〇-八-七六七六四三
ブックデザイン 鈴木成一デザイン室
印刷・製本所 図書印刷株式会社

Printed in Japan ISBN978-4-344-98104-1 C0295
ひ-6-1
幻冬舎ホームページアドレス http://www.gentosha.co.jp/
*この本に関するご意見・ご感想をメールでお寄せいただく場合は、comment@gentosha.co.jp まで。

幻冬舎新書

参議院なんかいらない
村上正邦　平野貞夫　筆坂秀世

庶民感覚に欠け平気で嘘をつき議員特権にあぐらをかく政治家が国家の舵を握っている。参議院の腐敗が国家の死に体をもっとも象徴する今、政治がおかしい原因を、政界・三浪人が大糾弾。

自民党はなぜ潰れないのか
激動する政治の読み方
村上正邦　平野貞夫　筆坂秀世

先の参議院選挙で惨敗を喫した自民党。福田政権になって支持率は回復しているものの、「政治とカネ」問題を始めとする構造的腐敗は明らかだ。政権交代は行われるのか。政界・三浪人が検証。

平成経済20年史
紺谷典子

バブルの破裂から始まった平成は、世界金融の破綻で20年目の幕を下ろす。この20年間を振り返り、日本が墜落した最悪の歴史とそのただ1つの原因を解き明かし、復活へ一縷の望みをつなぐ稀有な書。

平成宗教20年史
島田裕巳

平成はオウム騒動ではじまる。そして平成7年の地下鉄サリン。一方5年、公明党（＝創価学会）が連立政権参加、11年以後、長期与党に。新宗教やスピリチュアルに沸く平成の宗教観をあぶり出す。

幻冬舎新書

佐伯啓思
自由と民主主義をもうやめる

日本が直面する危機は、自由と民主主義を至上価値とする進歩主義＝アメリカニズムの帰結だ。食い止めるには封印されてきた日本的価値を取り戻すしかない。真の保守思想家が語る日本の針路。

歳川隆雄
自民と民主がなくなる日
永田町２０１０年

天下分け目の衆院選後、民主党政権が誕生しても一瞬で終わり、党派を超えた「政界再編」は必ず起こる。今ある党はどう割れ、どう引っ付くか？　確かなインサイド情報をもとに今後の政局を大展望！

東谷暁
世界と日本経済30のデタラメ

「日本はもっと構造改革を進めるべき」「不況対策に公共投資は効かない」「増税は必要ない」等、メディアで罷り通るデタラメを緻密なデータ分析で徹底論破。真実を知ることなくして日本の再生はない！

渡辺将人
オバマのアメリカ
大統領選挙と超大国のゆくえ

なぜオバマだったのか。弱冠47歳ハワイ生まれのアフリカ系が、ベテランを押さえて大統領になった。選挙にこそ、アメリカの〈今〉が現れる。気鋭の若手研究者が浮き彫りにする超大国の内実。

幻冬舎新書

知事の世界
東国原英夫

瀕死の自治体であった宮崎県が、東国原知事の誕生で息を吹き返した。観光客、県産品の売上は増加し、県職員の士気も上がっている。知事のもつ影響力とは何か？ 知事の全貌がわかる！

新左翼とは何だったのか
荒岱介

なぜ社会変革の理想に燃えた若者たちが、最終的に「内ゲバ」で百人をこえる仲間を殺すことになったのか?! 常に第一線の現場にいた者のみにしか書けない真実が明かされる。

ジャーナリズム崩壊
上杉隆

日本の新聞・テレビの記者たちが世界中で笑われている。その象徴が「記者クラブ」だ。メモを互いに見せ合い同じ記事を書く「メモ合わせ」等、呆れた実態を明らかにする、亡国のメディア論。

日本の歴代権力者
小谷野敦

聖徳太子から森喜朗まで国家を牽引した一二六名が勢揃い!! その顔ぶれを並べてみれば日本の歴史が一望できる。〈真の権力者はNo.1を陰で操る〉独特の権力構造も明らかに。